第2版

税理士・会計士・簿記検定

はじめての
会計基準

並木秀明
Namiki Hideaki
著

中央経済社

第２版の刊行にあたって

読者の方々のご支援により，本書は第２版を重ねることができた。
改訂にあたって，追加された会計基準は，以下のとおりである。

・企業会計基準第27号
「法人税，住民税及び事業税等に関する会計基準」
・企業会計基準第28号
「税効果会計に係る会計基準」の一部改正
・企業会計基準第29号
「収益認識に関する会計基準」
・企業会計基準第30号
「時価の算定に関する会計基準」
・企業会計基準第31号
「会計上の見積りの開示に関する会計基準」

上記の会計基準の節を設けるとともに，一部の解説を追加・修正し，内容の一層の充実を図った。大方のご叱責・ご指導を受けて，本書をよりよいものに育てていければと願っている。

本書は2020年１月31日時点の企業会計の基準等に準拠している。

はしがき

貸借対照表（B/S），損益計算書（P/L）などの財務諸表は，簿記会計のルールに基づいて作成される。簿記会計のルールを規定したものが「企業会計原則」や「企業会計基準」である。

本書は，**企業会計原則から始まった「会計のルール」を日商簿記３級，２級の知識でも理解できるように容易に解説したもの**である。簿記の問題を解くときには，たとえば，減価償却費は定額法，商品の評価は先入先出法など指示されるまま計算をしてきたことと思う。この計算は企業会計原則で規定されている。また，有価証券を時価評価し，評価益または評価損を仕訳したはずである。この計算は企業会計基準で規定されている。

では，**企業会計原則はどのような目的で，いつの時代に規定されたものなのだろうか**。この点をそろばん，電卓，パソコンという計算道具の発展にからめて解説した。また，先般2000年くらいから，簿記会計における会計処理の世界共通化（会計のコンバージェンスなどともいう）が開始された。そこで登場したのが企業会計基準である。この企業会計基準なるものは，なぜ登場したのかなどについても経済的な背景を踏まえて解説した。

これから日商簿記１級，税理士試験，公認会計士試験の合格を目指す人にとって，さらにいえば会計を学ぶ一般のビジネスパーソンにとっても，企業会計原則と企業会計基準の理解は不可欠である。企業会計原則も企業会計基準も『新版　会計法規集』（中央経済社）に収録されているが，その**読み方がわからないため，読まずに損をしている人が多い**のである。

本書は，企業会計原則や企業会計基準の内容と関係する法律である会社法，金融商品取引法の存在意義を踏まえて説明した，**もっともやさしい会計諸基準の入門書**である。

並木　秀明

本書の目的と使い方

本書は，「これ以上は簡潔に説明できない」といえるほど，企業会計原則と企業会計基準が手軽に読めることを目的に執筆した。すなわち，『会計法規集』の副読本になることを目的にしている。

『会計法規集』は，会計を学ぶ人にとって辞書的な役割を持つ。しかしながら，この分厚い書籍は「どこから読み進めていくべきか」の判断が難しいのである。そこで本書は，企業会計の学習書にとどまらず，会計の容易な「読み物」として，以下のように活用するとより効果的である。

Step1 プロローグから第２章までは，順序よく読む。

→この段階ですべてがわかるわけでもないが，会計の歴史や企業会計原則の必要性を読み解くことができるはずである。この段階で「『会計法規集』をどこから読み進めていくべきか」がわかる。

Step2 第３章以降は，学習順に拾い読みすればよい。

→具体的には，有価証券の評価を学習するときは「金融商品に関する会計基準」を読めばよい。有価証券以外の多くの関連情報をも理解できるはずである。学習している内容がどの会計基準に規定してあるかは，第2章でまとめている。

Step3 『会計法規集』を利用し，企業会計原則・企業会計基準の本文を読む。

→『会計法規集』は試験の合格力，実務の処理能力を高めるものである。

＊本書では『新版 会計法規集』を『会計法規集』という。利用する際は最新版をオススメする。

『新版 会計法規集』
（中央経済社）

目　次

本書の解説は，会計基準の設定時期順である。しかし，会計基準は相互に関係をもって成立している。本書をページ順に読み進んでいく場合，現在学習中の会計基準に関する疑問が，あとの会計基準の学習で解決することもある。

プロローグ

会計の全体像をとらえる

●イントロダクション●

『会計法規集』のトップは，企業会計原則である。つぎに各種の会計基準が収録され，引き続き会社法，金融商品取引法が収録されている。それぞれの規定は，**歴史上，それぞれの目的とつながりがある**のである。

物事を理解するには，理解しようとしている対象の歴史から勉強するのがベストであろう。つまり，会計基準を理解するためには，企業会計原則をはじめとする**会計法規の歴史（設定過程）**を知っておくとよい。

近年，会計の世界に波紋を及ぼしている会計基準と戦後直後に設定された企業会計原則は，以下のように設定の目的が似ているのである。

■設定の目的■

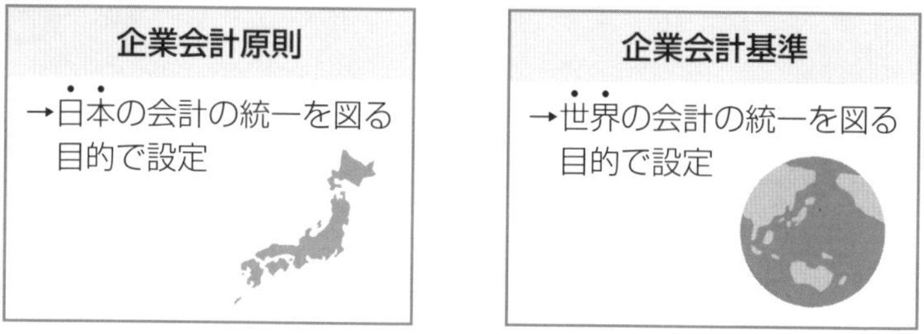
企業会計原則
→日本の会計の統一を図る
目的で設定
企業会計基準
→世界の会計の統一を図る
目的で設定

1　制度会計について―トライアングル体制

法律制度の一環として，法規制に準拠して行われる会計を**制度会計**という。制度会計は，その根拠となる法律の違いにより，会社法による会計，金融商品取引法（金商法）による会計および法人税法による税務会計の3つに分類される。

日本の会計制度は，会社法会計と金融商品取引法会計さらに税務会計の3つが密接に関連しながら成立している。この制度のことを指して「**トライアングル体制**」とよばれる。

■トライアングル体制■

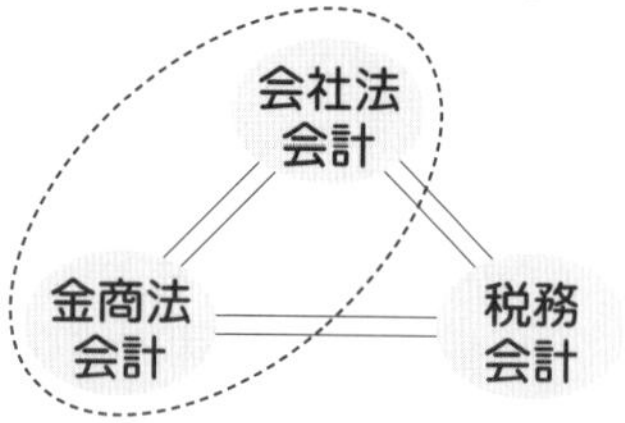

このなかでも**会社法会計**と**金融商品取引法会計**では，これら２つの会計の**実質的一元化**が長年にわたり図られてきたが，それぞれの会計目的が相違するために近年までなかなか調整が進まなかった。しかし，ようやく双方の歩み寄りによって，どうにか内容的に一元化された。実務的には大変好ましいことである。

これらの会計制度と企業会計原則の生い立ちから話を進めていこう。

2　現行制度が誕生した日

戦後，日本経済の発展に寄与した**会計制度の誕生した日**を整理しておく。

証券取引法（現在の**金融商品取引法**）

昭和23年４月制定

株式上場企業が財務諸表を大蔵大臣（現在は，内閣総理大臣）へ提出する義務を規定

↓

財務諸表に記載する金額をどのように決定するかをルール化するため企業会計原則を設定

企業会計原則

昭和24年７月制定

証券取引法は財務諸表の表示を規定

企業会計原則は処理（計算と仕訳）を規定

↓

企業会計原則に合わせた改正が商法に必要となる

商法（現在の**会社法**）

昭和25年改正

商法の制定は明治32年であるが，戦後の企業会計原則に合わせた改正は昭和25年である。

会計基準を理解するためのプロローグ　その1

3　日本経済に貢献した企業会計原則の設定

昭和23年に**証券取引法**において「株式上場企業に財務諸表を大蔵大臣（現在は，内閣総理大臣）へ提出する義務を規定」し，その翌年の昭和24年に財務諸表の作成のための処理が**企業会計原則**として設定された。この証券取引法制定と企業会計原則の設定が，いかに我が国の経済に貢献したかを確認しておこう。すなわち，会計の重要性を最初に確認しておこう。

企業会計原則（一般原則・損益計算書原則・貸借対照表原則と企業会計原則注解25から構成）の設定目的を少し長いが読んでみてほしい。会計基準を理解するために大変に参考になる一文である。

■企業会計原則の設定目的■

「我が国の企業会計制度は，欧米のそれに比較して改善の余地が多く，且つ，甚しく不統一であるため，企業の財政状態（財政状態とは，貸借対照表の資産・負債・純資産の状態）並びに経営成績（経営成績とは，損益計算書の収益・費用と差額の利益の大きさ）を正確に把握することが困難な実情にある。我が国企業の健全な進歩発達のためにも，社会全体の利益のためにも，その弊害は速やかに改められなければならない。

又，我が国経済再建上当面の課題である外資の導入，企業の合理化，課税の公正化，証券投資の民主化，産業金融の適正化等の合理的な解決のためにも，企業会計制度の改善統一は緊急を要する問題である。」

この企業会計原則の一文をまとめると，**「日本経済に貢献するために設定した」**と読めるのである。実際，企業会計原則の設定がなければ日本経済がこれほど成長したかどうかわからない。それは「なぜ！」なのか。

ここから講義調で説明しよう。

ところで「風が吹けば桶屋（おけや）が儲かる」ということわざをご存知だろうか。

会計を理解するために重要な意味を含んでいる。

本来の意味は，「思いがけないところに影響が出ることのたとえ」であるが，物事の因果関係を示している。

「企業会計原則の設定が日本経済の発展に貢献した」に戻ろう。言い方を変えれば，「企業会計原則が設定されて日本経済が発展した」となる。この論理で企業会計原則をことわざにあてはめてみよう。

「風が吹けば～」にあてはめると？

企業が発展するためには，まずお金（資金）が必要である。

そのお金はどこから調達すればよいか。

われわれ国民から調達するのが最適であろう。しかし，われわれ国民は，何を根拠に企業にお金を投資するのか。

その情報を得る手段が財務諸表（貸借対照表・損益計算書など）である。

財務諸表は，貸借対照表により企業の持っている財産の大きさを，損益計算書で儲かっているか（利益が出ているか）を教えてくれる。

その財務諸表が信頼のおけるものでなければ，「投資なんかするものか！」ということになる。しかし，財務諸表が信頼のおける情報を提供してくれるならば，「見返り＝配当もあるから，投資してみようかな」という気持ちになる。

ここからは，「風が吹けば桶屋が儲かる」式に話をしよう。

■風が吹けば桶屋が儲かる一企業会計原則ver.一■

① 財務諸表を参考に，われわれ国民が各企業に投資をする。

⇩

② 企業は，投資された資金で土地，建物などを買い，より大きな売上を目指して営業活動を継続する。

⇩

③ 企業が儲かるとより多くの人（従業員）を雇用する。

⇩

④　さらに企業が儲かると，国に税金（法人税・住民税等）を納付する。

⇩

⑤　企業が儲かると雇われた人の給料も上がり，所得税・住民税を納付する。

⇩

⑥　国は納税額が増加し，道路などの公共設備を建設できるようになる。道路などの公共設備が整備されれば物流が迅速になり，ますます企業は発展する機会が多くなる。

⇩

⑦　企業の発展に従い，企業の発行する株価が上昇し，株を発行することでますます多くのお金が企業に集まる。

この繰り返しで今の日本経済があるといっても過言ではない。これが企業会計原則が日本経済を発展させた，という説明である。

しかし，この当時の企業会計原則は，「藩」にこだわった西郷隆盛的な考えの下に設定された感がある。なんといっても，企業会計原則の設定は，昭和24年7月9日なのだから。

「藩」から「日本」へと考える坂本龍馬的な考え方には，もう少し時間を必要とする。日本における企業間の公平性を目指した企業会計原則から，世界の中における「日本企業」の発展のために導入したのが**「会計基準」**なのである。

コーヒー・ブレイク　**企業会計原則と東京タワー？**

企業が成長し，国への納税がなければ，映画「三丁目の夕日」のシンボルである東京タワーだって建設されなかったかもしれない。東京タワーのおかげでテレビが普及し家電メーカーは発展したのかもしれない。テレビのコマーシャルによりテレビ，洗濯機，冷蔵庫の「三種の神器」が大幅に家庭に普及した。これも企業会計原則のおかげかもしれないのである。

会計基準を理解するためのプロローグ　その2

4　日本経済に貢献した証券取引法（金融商品取引法）

証券取引法（現在の金融商品取引法）は，**株式上場企業が財務諸表を大蔵大臣（現在の金融商品取引法は，内閣総理大臣）へ提出する義務を規定**している。

財務諸表により，投資者は，株式投資のための意思決定情報を入手できるようになった。戦後の企業の資金調達と発展は前述したとおりである。

証券取引法第1条の規定を確認してみよう。この条文から**日本経済の発展に寄与するための法律**であることが読み取れる。

■証券取引法第1条■

「この法律は，企業内容等の開示の制度を整備するとともに，金融商品取引業を行う者に関し必要な事項を定め，金融商品取引所の適切な運営を確保すること等により，有価証券の発行及び金融商品等の取引等を公正にし，有価証券の流通を円滑にするほか，資本市場の機能の十全な発揮による金融商品等の公正な価格形成等を図り，もつて国民経済の健全な発展及び投資者の保護に資することを目的とする。」

この解釈を会計基準等にからめて簡潔に整理してみよう。

①　有価証券（株式・社債など）を発行する会社は，財務諸表を政府に提出しなければならない。

⇩

②　提出する財務諸表は，企業会計原則・会計基準等に準拠して作成しなければならない。

⇩

③　作成した財務諸表は，公認会計士による監査を受けなければならない。

⇩

④　監査を受けた財務諸表は，政府に提出され有価証券報告書として公表される。

⇩

⑤　投資者は，有価証券報告書を参考に株式・社債等に投資する。

⇩

⑥　以下の流れは，「風が吹けば桶屋が儲かる―企業会計原則ver.―」の①以降と同様である。国民経済の発展は企業の発展と関係し，投資者の保護は企業の発展と関係する。

会計基準を理解するためのプロローグ　その3

5　日本経済に貢献した商法（現在の会社法）

商法は，**取引相手（債権者）を保護するために作られた法律**である。債権者が保護されなければ，安心して信用取引が行われず経済の発展が阻害されてしまう。明治時代に設定された意義が何となく知れる。

なお，商法は明治23年に制定されたが，戦後の企業会計原則に合わせた改正は，昭和25年である。

(1)　商法から会社法へ

従来，商法の目的といえば債権者保護が強調された。今日では，さらに以下の目的を達成すべき内容が条文規定に織り込まれている。

①　受託責任（スチュワードシップ）

企業は信託された経済財を適切に管理保全し，運用するという受託責任を有している。

②　会計責任（アカウンタビリティ）

経営者は，財務諸表（会計情報）を株主総会などで開示（提供）することにより，会計責任を遂行し解除していかなければならない。

(2) 会社法会計と金融商品取引法会計

会社法では，貸借対照表等を「計算書類」といい，金融商品取引法では「財務諸表」という。なお，一般的な解説では「財務諸表」の用語で説明する。

■会社法会計と金融商品取引法会計の比較■

	会社法会計	金融商品取引法会計
主目的	債権者保護	投資者保護
対象	すべての会社	上場会社など
処理	会社法の計算に関する規定	企業会計原則・各種会計基準など
表示	会社計算規則	財務諸表等規則 連結財務諸表規則など
計算書類または財務諸表の体系	① 貸借対照表 ② 損益計算書 ③ 株主資本等変動計算書 ④ 個別注記表	① 連結貸借対照表 ② 連結損益計算書 ③ 連結キャッシュ・フロー計算書 ④ 連結株主資本等変動計算書 ⑤ 連結附属明細表 ※ 同様の個別財務諸表

会計基準を理解するためのプロローグ　その4

6 日本経済に貢献する会計基準

(1) 会計基準の設定の理由

企業は，一定期間の企業の成績を貸借対照表，損益計算書などの財務諸表を作成して利害関係者に報告しなければならない。**会計基準は，当該財務諸表を作成するための指針**である。

具体的には，貸借対照表の資産，負債および純資産に表示する各項目の金額の決定方法（貸借対照表価額の決定～評価）と表示方法を規定したものが会計基準である。

さて，昭和から平成，令和へと時が移り，それとともに大型コンピュータからパソコンへとわれわれにとって大変に便利な時代となった。特にIT技術（情報技術）の発達は著しいといえる。IT技術の発達は，インターネットを通じて，世界の企業への投資が「ワンクリック」でできるようになった。

投資をするための意思決定材料は，財務諸表である。しかしながら，各国異なる方法で利益を計算したのでは，「どこの国のどの企業」の株を購入してよいかわからない。現在，世間をにぎわせている会計基準は，各国で異なる利益の計算方法を統一して，公平な意思決定ができるように設定されたものである。

現在では，各国が会計基準により国際的な会計ルールの統一化つまり共通化（コンバージェンス）を目指している。

(2) 会計基準を理解するために

会計基準の理解のポイントは，**設定時期**と**設定主体**および**適用時期**である。

設定時期は，いかなる会計基準から設定されたのかに注目するとよい。時代背景や早急に設定すべき背景事情が内容からつかみ取れる。

設定主体は，平成14年2月21日以前・以後で異なる。読み進めるなかで，違和感を覚えないようにという配慮からコメントを付しておく。詳しくは第2章以降で紹介する。

適用時期（実施時期）は，会計基準は設定されたものの，計算がハード（複雑きわまりない）で会計ソフトなどの開発なしでは実務に耐えられないものがある。そのため，設定時期と適用時期の間に相当の期間を置いているものがある。会計基準を理解するうえで各会計基準の設定時期を知ることは，重要である。

第1章

企業会計原則って何？

●イントロダクション●

企業会計原則の内容は，一般原則・損益計算書原則・貸借対照表原則の本文と25の注解（本文の詳細な説明）から構成されている。昭和57年が最終改正であり，後年に設定された会計基準により廃止された規定もある。

■企業会計原則の内容構成■

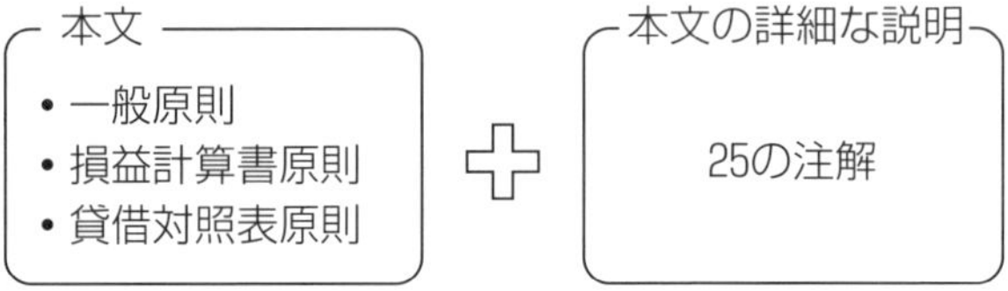

1　一般原則

一般原則は企業会計原則の全体理解にかかわってくる基本的な原則であり，**７つの原則**（真実性の原則，正規の簿記の原則，資本取引・損益取引区分の原則，明瞭性の原則，継続性の原則，保守主義の原則，単一性の原則）で構成されている。会計基準の理解にも役立つので要約しておこう。

(1)　真実性の原則

> 企業会計は，企業の財政状態及び経営成績に関して，真実な報告を提供するものでなければならない。

財政状態は貸借対照表により，経営成績は損益計算書により報告される。その報告は**「真実」**でなければならない。

まだ，準備していないと思うが，『会計法規集』をみてみよう。「企業会計原則注解【注20】減価償却の方法について」で４つの減価償却方法が認められている。

４つの減価償却方法である定額法，定率法，級数法，生産高比例法のすべてが「企業会計の実務の中に慣習として発達したものの中から，一般に公正妥当であると認められたところを要約したもの」に該当するのである。

真実性の原則の「真実」は，神のみぞ知る唯一の真実（**絶対的真実**）ではなく，**一般に公正妥当と認められた方法**を採用した結果であればすべて真実（**相対的真実**）なのである。

商品の評価は，個別法，先入先出法，平均法など複数が公正妥当であり，減価償却費の計算も4つの公正妥当な方法がある。これらの組み合わせの数だけ真実な財務諸表が作成されることとなる。

> プラスα **経理自由の原則**
>
> 一般に公正妥当と認められた方法であれば，企業にその会計処理の自由を認めている。これを経理自由の原則という。業種，会社の規模，会社の方針など，その企業にとって最適な方法が存在するはずだからである。

(2) 正規の簿記の原則

> 企業会計は，すべての取引につき，正規の簿記の原則に従つて，正確な会計帳簿を作成しなければならない。

ここで簿記（帳簿記入）の一巡を確認しておこう。

■簿記の一巡■

取引 → 仕訳帳 → （転記） → 総勘定元帳 → 試算表 → （決算整理） → 貸借対照表・損益計算書などの財務諸表

上の図に示したように，財務諸表は取引の結果を帳簿記入の結果として作成している。いいかえれば，**財務諸表は，帳簿記入の結果として作成しなければならない。**このような財務諸表の作成方法を誘導法という。正規の簿記の原則は，誘導法による財務諸表の作成を要請しているといえる。

プラスα 「仕訳帳」と「総勘定元帳」の役割

仕　訳　帳…歴史的記録を示す帳簿の役割

総勘定元帳…歴史的記録を取引内容（勘定科目）ごとに示す役割

仕訳帳　1

×1年		摘　要	元丁	借方	貸方
4	1	○○○	1	×××	

総勘定元帳
現　金　1

×1年		摘　要	仕丁	借方	×1年		摘　要	仕丁	貸方
4	1	○○○	1	×××					

(3)　資本取引・損益取引区分の原則（別名：剰余金区分の原則）

資本取引と損益取引とを明瞭に区別し，特に資本剰余金と利益剰余金とを混同してはならない。

資本取引・損益取引区分の原則は，会計基準の設定に大きな影響を及ぼしている。会計基準の理解に重要な一般原則である。

〔純資産の部〕		
株主資本		**資本取引から発生した金額**
資本金	×××	資本金と資本剰余金の合計は，増資など
資本剰余金		株主との取引から生じた払込金である。
資本準備金	×××	
その他資本剰余金	×××	
利益剰余金		**損益取引から発生した金額**
利益準備金	×××	利益剰余金は，科目名が異なるもので
その他利益剰余金	×××	あっても元はすべて当期純利益である。
任意積立金	×××	つまり，損益計算書から振り替えた金額
繰越利益剰余金	×××	である。

一般的に「**少ない資本でよくぞ，こんなに多くの利益をあげたな**」というのは，ほめ言葉である。資本金，資本剰余金が，投資された金額で，こ

の投資された金額を利用して，利益剰余金を増加させたのである。

これが混同されるようでは，財務諸表の利用者たる利害関係者に対し，企業の評価に誤解を与えてしまう。これを未然に防止した一般原則が資本取引・損益取引区分の原則である。

(4) 明瞭性の原則

> 企業会計は，財務諸表によつて，利害関係者に対し必要な会計事実を明瞭に表示し，企業の状況に関する判断を誤らせないようにしなければならない。

明瞭性の原則は，利害関係者に対して必要な会計事実の**適正開示**と**明瞭表示**を要請する原則である。つまり，貸借対照表，損益計算書をわかりやすく作成しなさいという要請であり，企業と利害関係者との間に**コミュニケーションギャップ**（企業の公表したい内容と利害関係者の受け取る情報の差）が生じないよう，財務諸表を通じ必要な会計事実（計算した結果）を明瞭に表示することが必要となる。

現在では，企業会計原則，会社計算規則，財務諸表等規則などに表示の様式（ひな形）が示されているのでそれに準拠すればよい。

(5) 継続性の原則

> 企業会計は，その処理の原則及び手続を毎期継続して適用し，みだりにこれを変更してはならない。

経理自由の原則の話をしたが，継続性の原則は前述の「経理自由の原則」を受けている。

・減価償却費の計算であれば，今年は定額法，来年は定率法に変更

・商品の評価であれば，今年は先入先出法，来年は移動平均法に変更

これでは，利害関係者は，前期と当期を比較することができず，また経

営者は利益を多くしたり，少なくしたりすることもできる。

継続性の原則の必要性はこの点にある。つまり，継続性の原則が必要な理由は，**利益操作を排除し，財務諸表の期間比較性を確保するため**である。

(6) 保守主義の原則

> 企業の財政に不利な影響を及ぼす可能性がある場合には，これに備えて適当に健全な会計処理をしなければならない。

保守主義の原則は，**予測される将来の危機に備えて，慎重な判断に基づく会計処理を行わなければならない**ことを要請したものである。

設立当初の企業，または設備投資（有形固定資産などの購入）をした企業は，一般に台所が苦しい（お金がない）ものである。そこで，経理自由の原則に認められる限り，利益は小さめに，費用（損失）は大きめにという処理を要請する原則である。利益が大きければ税金や配当といった資金を必要とするからである。会計処理の選択で企業に倒産されては困るのである。したがって，この原則の別名を「安全性の原則」と称している。

(7) 単一性の原則

> 株主総会提出のため，信用目的のため，租税目的のため等種々の目的のために異なる形式の財務諸表を作成する必要がある場合，それらの内容は，信頼しうる会計記録に基づいて作成されたものであつて，政策の考慮のために事実の真実な表示をゆがめてはならない。

単一性の原則は，利害関係者に対する報告手段である財務諸表について，さまざまな目的を持つ利害関係者に対して報告が行われるため，その目的に応じた財務諸表の形式の多様性は認めるが，財務諸表の作成の基礎となる帳簿（仕訳帳・総勘定元帳）は１つでなければならないことを規定している。つまり，**二重帳簿の作成を禁止している**のである。

2　損益計算書原則

損益計算書は，企業が保有する資産を利用して経済活動を行った結果，その成果として得られた売上高などの収益と，それを獲得するために費やされた売上原価・販売費・支払利息などの費用を対比することにより，その差額として**当期純利益を明らかにする財務諸表**である。

企業会計原則では，次のように規定している。

> 損益計算書は，企業の**経営成績**を明らかにするため，一会計期間に属するすべての収益とこれに対応するすべての費用とを記載して経常利益を表示し，これに特別損益に属する項目を加減して当期純利益を表示しなければならない。（損益計算書原則一）

3　貸借対照表原則

貸借対照表原則は，貸借対照表の作成の基本原則を規定している。基本原則とは，**貸借対照表を作成するためのルール**である。このルールに準拠することで財務諸表利用者に企業の情報が正確に伝わるのである。

企業会計原則では，次のように規定している。

> 貸借対照表は，企業の**財政状態**を明らかにするため，貸借対照表日におけるすべての資産，負債及び資本（現在は「純資産」）を記載し，株主，債権者その他の利害関係者にこれを正しく表示するものでなければならない。（貸借対照表原則一）

企業会計原則の最終改正は昭和57年である。その後，会計基準等の設定により「資本の部」は「純資産の部」に変更された。企業会計原則の本文を歪めてはならないが，「資本の部」は「純資産の部」として説明する。

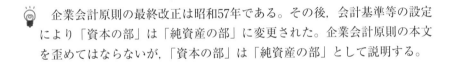

もっと詳しく 不統一だった計算方法を統一!? ～連続意見書

当時，企業会計原則，商法，証券取引法，税法など会計上の計算方法が不統一であった。これを統一（調整）するための意見書が昭和35年から37年の間に企業会計審議会から公表された。

この連続意見書は，第一から第五まであるが，試験では第三「有形固定資産の減価償却について」が重要であり，公表から長期間経過した今でも会計基準設定のバックボーンとなっている。

Column 1 「会計基準」の学び方

会計基準の学び方は，学習者がどのような立場にいるかにより，下記の3つの視点で捉えておくとよい。

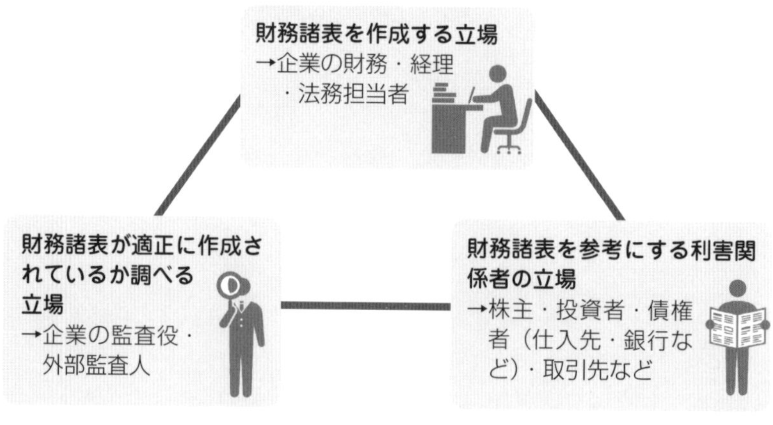

財務諸表を作成する立場
→企業の財務・経理・法務担当者
財務諸表が適正に作成されているか調べる立場
→企業の監査役・外部監査人
財務諸表を参考にする利害関係者の立場
→株主・投資者・債権者（仕入先・銀行など）・取引先など

第2章

一言で表すとどういうルール?

超サクッ! 会計基準

●イントロダクション●

会計基準の原文については，『会計法規集』に収録されているが，それらを理解する手始めに，『会計法規集』における会計基準の配列と要点を知っておくとよい。

『新版 会計法規集〔第11版〕』の収録内容（抜粋）は次ページ以降のとおりである。会計基準を理解するための会計諸基準をワンポイント・コメントとともに紹介しておこう。会計基準の詳細な説明は第３章で行う。

Column 2 「会計基準」はだれが作るの？

企業会計原則の設定以来，日本の会計基準は**「企業会計審議会」**が制定してきた。しかし，会計制度に対する諸外国からの信頼を取り戻すため，独立性の高い民間機関による会計基準設定主体への移行が行われ，財団「財務会計基準機構」（FASF：Financial Accounting Standards Foundation）が設立された。

実際の会計基準の設定については，FASFの一組織である**「企業会計基準委員会**（ASBJ：Accounting Standards Board of Japan）」が全権を持つ。

企業会計基準委員会による企業会計基準第１号として「自己株式及び法定準備金の取崩等に関する会計基準」が**平成14年２月21日**に公表された。したがって，平成14年２月21日以前の会計基準等は企業会計審議会により制定されたものである。

設定団体　企業会計審議会

企業会計原則・同注解（昭和24年７月）

→P.11

昭和57年が最終改正であり，後年に設定された会計基準により廃止された規定もある。

外貨建取引等会計処理基準（昭和54年６月）

→P.32

いわゆる「新」会計基準ではない。昭和46年から変動相場制（１ドル360円から308円）に変更されたことを機に設定された処理基準である。以下，**外貨会計基準**という。

研究開発費等に係る会計基準（平成10年３月）

→P.37

コンピュータ，特にパソコンが企業で使用されるようになったことからソフトウェアなどの会計処理を規定したものである。以下，**研究開発費会計基準**という。

税効果会計に係る会計基準（平成10年10月）

→P.41

税引前当期純利益と法人税等（支払額）が税率と一致しない点を一致するように会計処理を規定したものである。以下，**税効果会計基準**という。

固定資産の減損に係る会計基準（平成14年８月）

→P.46

固定資産（有形固定資産，無形固定資産）のうち収益性が低下（元が取れない状態）となったものについて評価損（減損損失）を強制した。以下，**減損会計基準**という。

設定団体　企業会計基準委員会（ASBJ）

ここからが，企業会計基準委員会が公表した企業会計基準である。現在，第30号まで公表されている。第３号，第14号，第19号は「退職給付に係る会計基準」の一部改正であるが，「退職給付に関する会計基準」（企業会計基準第26号）の公表により削除されている。

自己株式及び準備金の額の減少等に関する会計基準 ➔P.51

（平成14年２月　企業会計基準第１号）

発行会社の株式（自己株式）の取得，処分，消却についての会計処理および資本金，準備金（資本準備金・利益準備金）を減少させたときの会計処理を規定したものである。以下，**自己株式等会計基準**という。

１株当たり当期純利益に関する会計基準 ➔P.56

（平成14年９月　企業会計基準第２号）

１株当たり当期純利益は，従来の商法，証券取引法においても規定があったが，さまざまな種類の株式の発行や自己株式の取得が認められたことを契機に計算方法を改めて規定した。なお，１株当たり当期純利益（EPS：earnings per share）は，株価指標の１つである。以下，**１株当たり会計基準**という。

役員賞与に関する会計基準 ➔P.59

（平成17年11月　企業会計基準第４号）

従来，役員賞与は，費用ではなく利益の処分として扱われていた。しかし，収益の対価という点において従業員賞与と変わりがない点を踏まえ，費用としての会計処理を規定したものである。以下，**役員賞与会計基準**という。

貸借対照表の純資産の部の表示に関する会計基準 ➔P.63

（平成17年12月　企業会計基準第５号）

従来，貸借対照表の資産の部と負債の部の差額は，資本の部として記載されてきた。しかし，「金融商品に関する会計基準」などの設定により，現時点では利益に計上することが適当ではないが，将来利益となる可能性のある「その他有価証券評価差額金」などの科目が，資本の部に記載されることとなった。そこで，区分名を資本の部から純資産の部に変更し，その記載内容を規定したものである。以下，**純資産会計基準**という。

株主資本等変動計算書に関する会計基準 ➔P.66

（平成17年12月　企業会計基準第６号）

従来，剰余金（元は当期純利益）の処分内容は，利益処分計算書（商法では利益処分案）を作成して報告していた。しかし，会社法の適用により，配当制限がなくなったこと，株主資本の計数の変動（資本準備金だった金額を資本金に変更など）が行えるようになったことから，１会計期間で作成する株主資本等変動計算書の内容が規定された。以下，**株主資本等会計基準**という。

事業分離等に関する会計基準 ➔P.70

（平成17年12月　企業会計基準第７号）

企業の一部事業を他企業に売却するような場合，取得側の企業の会計処理は，「企業結合に関する会計基準」により規定していたが，売却側の会計処理が規定されていなかった。この会計基準は，この点を整理したものである。以下，**事業分離等会計基準**という。

ストック・オプション等に関する会計基準 ➔P.73

（平成17年12月　企業会計基準第８号）

新株予約権（発行会社の株式を取得する権利）を企業外部の投資者に発行

する場合の会計処理は，商法の時代から規定があった。しかし，新株予約権を発行会社の従業員等に無償で付与する場合（これをストック・オプションという），無償であるがゆえに財務諸表にその取引が反映されていなかった。これが財務諸表に反映されるように会計処理を規定したものである。以下，**ストック・オプション会計基準**という。

棚卸資産の評価に関する会計基準 ➔P.76

（平成18年7月　企業会計基準第9号）

棚卸資産の評価は企業会計原則で規定されていたが，国際的な会計基準のコンバージェンスという観点から，評価方法と評価損が発生した場合の表示について規定したものである。以下，**棚卸資産会計基準**という。

金融商品に関する会計基準 ➔P.81

（平成11年1月〔公表当時は企業会計審議会〕　企業会計基準第10号）

この会計基準は，金融資産（金銭債権，有価証券，金融派生商品）と金融負債（金銭債務，金融派生商品）などの評価を規定したものであり，我が国では初めての時価主義会計の導入として話題となった。以下，**金融商品会計基準**という。

関連当事者の開示に関する会計基準 ➔P.90

（平成18年10月　企業会計基準第11号）

会社内部の関係者と会社との取引は，外部利害関係者に公開されず不正な取引が行われやすいものである。この会計基準は，会社内部の関係者の範囲を規定し，取引があれば注記により公開することを規定したものである。以下，**関連当事者会計基準**という。

四半期財務諸表に関する会計基準 ➔P.93

（平成19年３月〔公表当時は企業会計審議会〕 企業会計基準第12号）

３ヵ月ごとに貸借対照表，損益計算書およびキャッシュ・フロー計算書の３財務諸表の作成と報告を規定したものである。会計の電子化により短期間で財務諸表の作成が可能となった。以下，**四半期財務諸表会計基準**という。

リース取引に関する会計基準 ➔P.96

（平成５年６月〔公表当時は企業会計審議会〕 企業会計基準第13号）

リース取引の貸手と借手の会計処理を規定したものである。借手は，リース取引により借りた固定資産でも，資産性を考慮し貸借対照表に記載することとなった。以下，**リース取引会計基準**という。

工事契約に関する会計基準 ➔P.101

（平成19年12月 企業会計基準第15号）

建設業を中心とする受注契約後に工事に着手する企業の収益の計上基準を規定したものである。以下，**工事契約会計基準**という。

持分法に関する会計基準 ➔P.104

（平成20年３月 企業会計基準第16号）

親会社に対する子会社であれば財務諸表を合算する連結財務諸表を作成し，関連会社であれば投資額である株式を関連会社の業績に応じて修正する会計処理を規定したものである。以下，**持分法会計基準**という。

セグメント情報等の開示に関する会計基準 ➔P.107

（昭和63年５月〔公表当時は企業会計審議会〕 企業会計基準第17号）

セグメントとは全体に対する「部分」をいう。大企業またはグループ企業（企業集団）は，多種多様な業種を主たる業としている。この会計基準は，売上高から営業利益までの情報を製品別，地域別などに区分して公開することを規定したものである。以下，**セグメント情報会計基準**という。

資産除去債務に関する会計基準 ➔P.109

（平成20年３月　企業会計基準第18号）

固定資産によっては，取得時点で将来の除去時に法的に除去費用が生ずるものがある。この会計基準は，将来の除去に係る支出額を見積もり，当該金額を貸借対照表の負債の部に「資産除去債務」として記載することを義務化したものである。以下，**資産除去債務会計基準**という。

賃貸等不動産の時価等の開示に関する会計基準 ➔P.112

（平成20年11月　企業会計基準第20号）

固定資産のうち主たる営業活動で利用している以外の固定資産を投資不動産という。この会計基準は，投資不動産の時価情報等を注記により公開することを義務化したものである。以下，**賃貸借不動産会計基準**という。

企業結合に関する会計基準 ➔P.114

（平成15年10月〔公表当時は企業会計審議会〕　企業会計基準第21号）

合併，買収などの企業結合は，合併，買収される側の資産評価で２つの方法（時価評価または原価評価）が規定されていた。この会計基準は，通常の資産等の取得と整合させ，時価で評価して企業結合の会計処理をすることに統一したものである。以下，**企業結合会計基準**という。

連結財務諸表に関する会計基準 ➔P.120

（平成20年12月〔公表当時は企業会計審議会〕　企業会計基準第22号）

連結財務諸表の作成は，昭和52年からである。連結財務諸表は，法的には別会社であっても支配従属関係の生じた企業集団について個別の財務諸表を合算して一時的に企業結合の効果を公開するものである。連結財務諸表原則で規定されてきた会計処理を，通常の企業結合の会計処理と整合させるため，平成20年12月の同日に両会計基準が設定された。以下，**連結財務諸表会計基準**という。

会計方針の開示，会計上の変更及び誤謬の訂正に関する会計基準

➔P.125

（平成21年12月　企業会計基準第24号）

この会計基準は，会計上の変更（定額法から定率法など）および誤謬の訂正（過去の計算の誤り）があった場合の会計処理を規定したものである。以下，**変更訂正会計基準**という。

包括利益の表示に関する会計基準

➔P.129

（平成22年６月　企業会計基準第25号）

金融商品会計基準の設定により，有価証券の一部について時価評価をするが，評価差額（評価益・評価損）を損益計算書に含めない会計処理が規定された。この会計基準は，このような評価差額をその他の包括利益と定義し，これを当期純利益に加減することで包括利益を表示することを規定したものである。以下，**包括利益会計基準**という。

退職給付に関する会計基準

➔P.131

（平成10年６月〔公表当時は企業会計審議会〕　企業会計基準第26号）

従業員の退職金に対する資金の備えが不十分であったにもかかわらず，多くの企業が税法上の規定で将来の支出額を引当金として計上していた。当該引当金の額は，税法上の規定額であるため全従業員に対する退職金の額の備えとは相違した金額が負債計上されていた。この会計基準は，全従業員に対する退職給付（年金を含む）の備えのうち，その不足分を全額負債計上することを規定したものである。以下，**退職給付会計基準**という。

法人税，住民税及び事業税等に関する会計基準 ➔P.136

（平成29年３月　企業会計基準第27号）

法人税，住民税及び事業税等は，企業会計原則でも規定があるが表示面のみであった。この会計基準は，処理面まで手当てしたものである。

「税効果会計に係る会計基準」の一部改正 ➔P.139

（平成30年２月　企業会計基準第28号）

税効果会計に係る会計基準は，繰延税金資産と繰延税金負債の表示を流動と固定に区別していた。この会計基準は，繰延税金資産と繰延税金負債の表示をすべて固定に変更した。

収益認識に関する会計基準 ➔P.141

（平成30年３月　企業会計基準第29号）

企業会計原則における収益は，実現主義の原則により認識される。この会計基準では，「契約」のある収益の認識は，実現主義に優先して適用される。以下，**収益認識会計基準**という。

時価の算定に関する会計基準 ➔P.148

（2020年７月〔和暦から西暦に変更された〕　企業会計基準第30号）

この会計基準は，財務諸表の比較可能性を高めるために統一的な時価の算定方法を規定したものである。以下，**時価算定会計基準**という。

会計上の見積りの開示に関する会計基準 ➔P.150

（2020年３月　企業会計基準第31号）

会計上の見積りは，回収可能性，割引率，耐用年数など多様性がある。この会計基準は，会計上の見積方法について開示を求めるために設定されたものである。

以上が『会計法規集』に収録されている会計基準である。ざっくりとイメージはついただろうか。第3章の読後，プロローグから再読することを勧める。

『会計法規集』のような書籍は，1冊の完読が目的ではなく，全体像の把握から詳細理解の手順が理想である。

Column 3 「…に係る会計基準」と「…に関する会計基準」

名称

企業会計審議会により制定された会計基準は，「…に係る会計基準」，企業会計基準委員会（ASBJ）により制定された会計基準は「…に関する会計基準」とされている。名称で設定団体が区別できる。

ただし，改正は，企業会計基準委員会（ASBJ）が行うので「…に係る会計基準」が改正されると「…に関する会計基準」に名称が変更される。

構成

「…に係る会計基準」は，本文が後段で前段が設定の根拠（設定に関する意見書）という構成に対し，「…に関する会計基準」は，本文が前段，後段が設定の根拠（結論の背景）という構成となっている。

番号

「…に関する会計基準」には，番号が連番で付されている。これを「項」番号という。

	審議会	ASBJ
名称	…に係る会計基準 →（改正）→	…に関する会計基準
構成	設定の根拠 ↓ 本文	本文 ↓ 設定の根拠

第3章

何を決めている？　どう変わった？

深掘り！ 会計基準

1 外貨建取引等会計処理基準

設定主体　企業会計審議会
設定時期　昭和54年６月以後の事業年度
最終改正　平成11年10月
適用時期　平成12年４月１日以後開始する事業年度

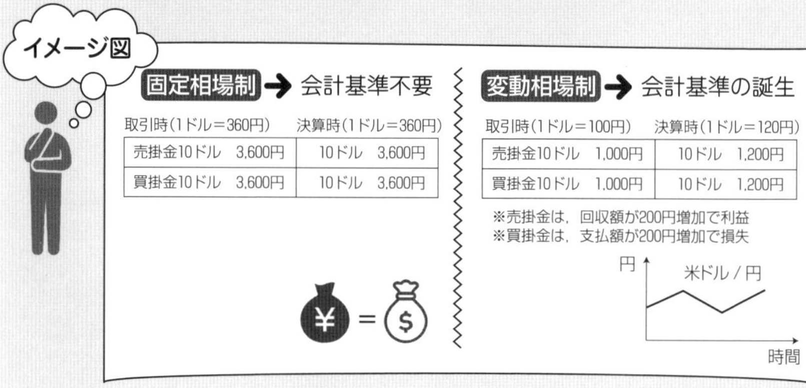

1　概　要

この会計基準は，いわゆる「新」会計基準ではない。昭和46年から**変動相場制**（１ドル360円から308円）に変更されたことを機に設定された外貨建取引の処理基準である。

昭和39年の東京オリンピック開催時は，１ドル360円であった。変動相場制に変更させられる前の海外ブランド品，海外旅行は高嶺の花であったことがうかがい知れる。

2　意　義

外貨建取引とは，**売買価額その他取引価額が外国通貨で表示されている取引**をいう。

社会の勉強で「加工貿易」という用語を覚えているだろうか。加工貿易とは「外国から輸入した原料または半製品を加工して，ふたたび輸出するやり方の貿易」である。輸入（仕入）時，輸出時ともさまざまな外貨で取引される。

貸借対照表上でいえば，現金および預金，売掛金，買掛金などの一部は外貨で取引したものが含まれる。それを日本円に換算するための処理基準を示したのが外貨会計基準である。

3　内　容

3つの内容から構成されている。

(1)　外貨建取引

ここでいう外貨建取引とは，国内にある会社が外国の取引先との間で行う**外貨建取引**と，その取引から生じる外貨建資産と負債を**決算時に換算**することである。すぐに換金ないしは支払を要するものは**決算日レート**で，それ以外は**取引日レート**で換算する。

(2)　在外支店の換算

在外支店の換算とは，外国に支店を設立して事業を営んでいる場合に，本支店合併財務諸表を作成する際における**支店の円貨への換算**をいう。在外支店の財務諸表項目は，すべて外貨であるから簡便な換算が容認されている。

(3)　在外子会社等の換算

在外子会社等の換算とは，連結財務諸表の作成および持分法の適用にあたり，外国にある子会社または関連会社の**外国通貨で表示されている財務諸表項目の円貨への換算**をいう。在外子会社の財務諸表項目は在外支店と同様にすべて外貨である。さらに連結財務諸表の作成という手間があるため，さらに簡便な換算方法が容認されている。

各種試験で出題されるのは，(1)外貨建取引と(2)在外支店の換算である。

4　会計処理

(1)　為替相場と為替相場の種類

為替相場とは，自国通貨（日本円）と外国通貨の交換比率をいう。

会計処理では，次の為替相場が使用される。

①　直物為替相場（SR：Spot Rate)

取引日または換算時の相場である。

> **もっと詳しく　直物為替相場とは？**
>
> 直物為替相場には，銀行間取引相場，対顧客電信売相場（T.T.S.），対顧客電信買相場（T.T.B.），対顧客電信売買相場の仲値（T.T.M.）などの種々の相場がある。外貨会計基準では，そのいずれとも定めていない。
>
> T.T.S.とは，“Telegraphic Transfer Selling Rate”の略で，銀行が顧客に外貨を売る場合の相場（海外旅行出国時にわれわれが邦貨を外貨に交換するレート）である。
>
> T.T.B.とは，“Telegraphic Transfer Buying Rate”の略で，銀行が顧客から外貨を買う場合の相場（海外旅行帰国時に余った外貨を邦貨に交換するレート）である。
>
> T.T.S.とT.T.B.の差額は，銀行の手数料であるため，同一の日時には必ずT.T.S.の方がT.T.B.より高い相場になる。

②　取引発生時の為替相場（HR：Historical Rate)

決算日以前の直物為替相場であり，すでに換算記帳済みの為替相場である。

③　決算日の為替相場（CR：Current Rate，正確にはClosing Rate)

決算日の為替相場である。外国通貨や外貨建金銭債権債務は，決算日レートで換算替えされる。

④　一定期間の為替相場の平均（AR：Average Rate）

通常は，１会計期間の平均相場をいう。

⑤　先物為替相場（FR：Forward Rate）

将来の予約為替相場を先物為替相場という。新聞紙上では６ヵ月先物相場までが提供される。

(2)　取引発生時の換算処理

外貨建取引は，原則として，当該取引発生時の為替相場による円換算額をもって記録する。

(3)　決算日における換算

①　外国通貨

外国通貨については，決算日の為替相場による円換算額を付す。

②　外貨建金銭債権債務（外貨預金を含む）

外貨建金銭債権債務については，決算日の為替相場による円換算額を付す。

(4)　仕訳例

①　輸入取引

×1年３月１日輸入時

商品10ドルを輸入（掛仕入）。取引時の為替相場１ドル110円

(借)	仕　　　入	1,100	(貸)	買　掛　金	1,100

×1年３月31日決算日

決算日の為替相場１ドル113円

(借)	為 替 差 損	30	(貸)	買　掛　金	30

×1年4月30日決済日

掛代金10ドルの支払い。決済日の為替相場1ドル114円

（借）	買掛金	1,130	（貸）	現金預金	1,140
	為替差損	10			

② 輸出取引

×1年3月1日輸出時

商品20ドルを輸出（掛売上）。取引時の為替相場1ドル110円

（借）	売掛金	2,200	（貸）	売上	2,200

×1年3月31日決算日

決算日の為替相場1ドル113円

（借）	売掛金	60	（貸）	為替差益	60

×1年4月30日決済日

掛代金20ドルの受取り。決済日の為替相場1ドル114円

（借）	現金預金	2,280	（貸）	売掛金	2,260
				為替差益	20

理解度check① 解答はP.40

問　金庫に外貨が1,000ドル保管されている。外貨受入時の為替相場は110円であり，決算日の為替相場は112円である。

外貨の貸借対照表価額はいくらか。

2 研究開発費等に係る会計基準

設定主体　企業会計審議会

設定時期　平成10年３月

適用時期　平成11年４月１日以後開始する事業年度

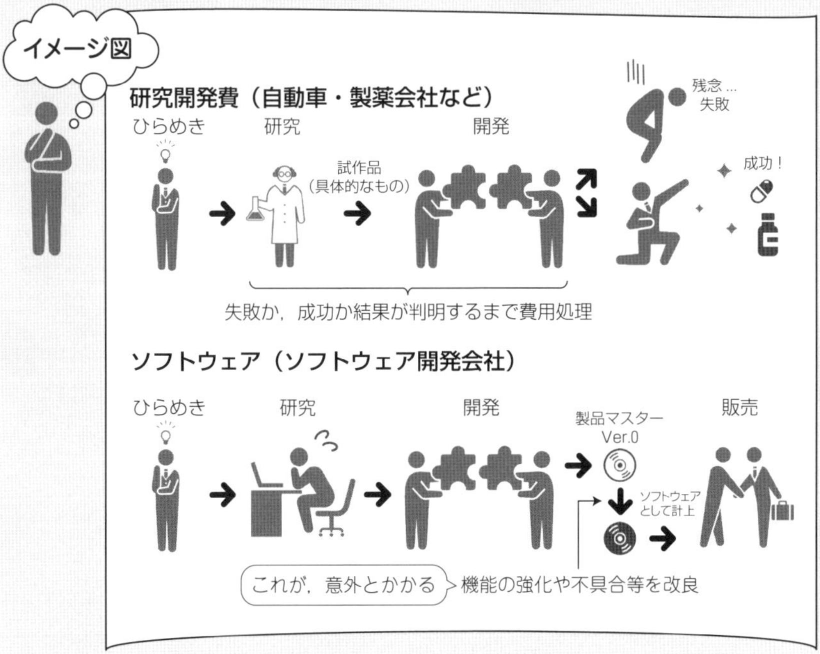

1　概　要

この会計基準は，**研究開発費**と**ソフトウェア**の会計処理を規定したものである。

2　意　義

研究開発費は，従来「試験研究費」として将来企業に収益をもたらす支出であるとして資産計上が容認されていた。しかしながら，将来企業に収益をもたらすかどうかは判定が困難（企業により資産計上したり，しなかったりすると財務諸表の比較が困難）なため，資産計上を認めないとした。

研究開発費等の「等」は，ソフトウェアである。近年のコンピュータの発達による高度情報化社会の発展のなかで，企業活動におけるソフトウェアの果たす役割が急速に重要性を増し，その制作に要する費用が増大した。そのためにソフトウェアの会計処理を販売する側と利用する側の立場で規定したものである。

コーヒー・ブレイク　研究開発とソフトウェア

昭和50年くらいまで，決算といえば「帳簿」と「そろばん」であった。その後，決算といえば，電卓，パソコン，会計ソフトと便利な道具が使い放題である。ところでJR新幹線の指定券は，JRはおろか世界各国の旅行代理店で購入ができる。何時何分発，何号車何番がダブルブッキングすることなく取得できる。この研究開発にはいくらかかったんだろう，なんて考えてしまう。わたしが最初に利用したソフトウェアは，目的地到着までの最短距離を計算してくれるものだった。

3　内容と会計処理

(1)　研究開発費

研究開発費は，すべて発生時の費用（通常，一般管理費とする）として処理しなければならない。

研究とは，新しい知識の発見を目的とした計画的な調査および探究をいう。

作りたいものが作れるかをさまざまな方法で試している段階と捉えるとわかりやすい。趣味でもこの段階が，楽しく，しかし，お金がかかる。

開発とは，新しい製品・サービス・生産方法についての計画・設計または既存の製品等を著しく改良するための計画・設計として，研究の成果その他の知識を具体化することをいう。研究の結果を具体化する，つまり形として表すまでの行為である。

■図解　研究開発費■

すべて発生時に費用処理（一般管理費または当期製造費用として計上）する。

研　究 ⇒ 開　発 （成功）⇒ 製造・販売

ここまでを研究開発費
として発生時に費用処理

> **知っ得★　研究開発費の大きさ**
>
> 研究開発費の額が大きなメーカーは，自動車，医薬品，家電などである。その額は，数億円から1兆円に達するほど大きな額である。

(2) ソフトウェア

研究開発費に該当しないソフトウェア制作費は，その制作目的別に処理される。

制作目的別とは，制作して販売する市場販売目的（製造企業側）と販売しているソフトウェアを購入して利用する目的（購入企業側）である。販売しているソフトウェアには，大量生産品などの規格品のほか，工場の生産管理や旅行会社などのオーダーメード（受注制作）などがある。

①　市場販売目的のソフトウェア（ソフトウェアを販売する側）

市場販売目的のソフトウェアである製品マスターの制作費は，研究開発費に該当する部分を除き，資産として計上する。ただし，製品マスターの機能維持に要した費用は，資産として計上できない。

機能維持とは，バグ取り，ウィルス防止等の修繕・維持・保全のための費用をいう。

ソフトウェアに計上した取得原価の減価償却は，見込販売数量または見込販売収益に基づく3年以内の償却が合理的であるとされている。

② 自社利用のソフトウェア（ソフトウェアを取得し使用する側）

その利用により将来の収益獲得または費用削減が確実であると認められる場合には，社内利用のソフトウェアの取得に要した費用を資産として計上する。

減価償却は，定額法による5年以内の償却が合理的であるとされている。

4 貸借対照表の表示

市場販売目的のソフトウェア，自社利用のソフトウェアともに無形固定資産の部に記載される。

貸借対照表

固定資産		
有形固定資産		
無形固定資産		
ソフトウェア	×××	
投資その他の資産		

理解度check② 解答はP.45

問1 研究開発費はどのように処理されるか。

問2 ソフトウェアの貸借対照表の記載場所を答えなさい。

理解度check①解答 1,000ドル×112円＝112,000円

3 税効果会計に係る会計基準

設定主体　企業会計審議会

設定時期　平成10年10月

適用時期　平成11年4月1日以後開始する事業年度

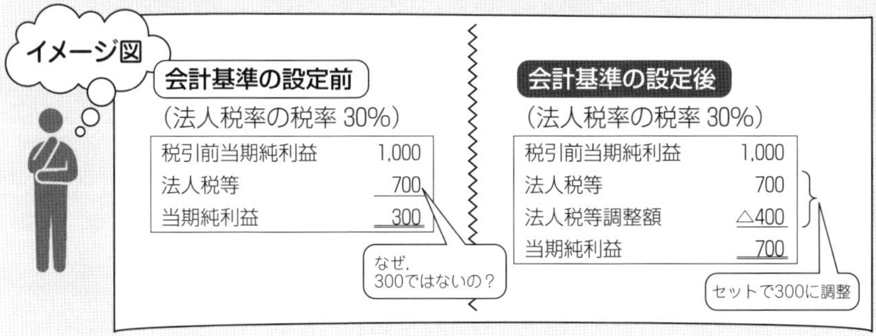

1　概　要

税効果会計によって，企業会計上の資産または負債の額と課税所得計算上の資産または負債の額に相違がなくなり，税引前当期純利益と法人税等を合理的に対応させ，適正な業績を表示する必要があるために設定された。

2　意　義

税効果会計は，企業会計上の資産または負債の額と課税所得計算上の資産または負債の額に相違がある場合において，法人税等の額を適切に期間配分することにより，法人税等を控除する前の当期純利益と法人税等を合理的に対応させることを目的とする手続である。

3　内容と会計処理

税効果会計の意義は，損益計算書の表示を見るとわかりやすい。つまり，前述のとおり従来の損益計算書は，次のように作成されていた。

金額は仮定されたものであり，法人税，住民税及び事業税の３つの税率を考慮した税率（**法定実効税率**）は30％とする。

損益計算書

⋮	
税引前当期純利益	1,000
法人税，住民税及び事業税	360

税引前当期純利益1,000の30％が法人税，住民税及び事業税になっていない。その理由は，法人税等の支払額は**課税所得**（益金－損金）に税率を乗じて計算をするが，収益イコール益金ではなく，費用イコール損金でもない。そのため会計上の当期純利益に税率を乗じても法人税等の実際支払

コーヒー・ブレイク **平成11年度以前の損益計算書**

筆者が簿記検定試験を受験した当時の法人税等の税率は48％程度であった。試験では，「税引前当期純利益の50％を法人税等に計上する」という指示があった。はじめて，ある会社の損益計算書を見たのもその頃であった。その損益計算書は，次のようなものだった。

損益計算書

⋮	
税引前当期純利益	1,000
法人税等	800

損益計算書

⋮	
税引前当期純利益	△100
法人税等	500

損失が計上されているにもかかわらず法人税等を支払っていた。こんな状態の損益計算書が税効果会計適用時まで作成されていた。

額にはならないからである。

会計上 ⇨	利　　益＝収益－費用
税務上 ⇨	課税所得＝益金－損金

税引前当期純利益1,000の計算過程に，たとえば商品評価損200が控除されていたとすると「商品評価損は，会計上は費用であるが税務上は損金にならない」といわれ，法人税，住民税及び事業税は（1,000＋200）×30％＝360と計算される。

課税所得の計算

税引前当期純利益	1,000
商品評価損	200
課税所得	1,200

200×30％＝60は払いすぎた法人税，住民税及び事業税として**繰延税金資産**（前払税金と同じ性格）として処理する。これが税効果会計である。

なお，払いすぎた法人税，住民税及び事業税60は，商品を販売した会計期間に税金が減額される。下記が税効果会計を適用した損益計算書と貸借対照表である。

損益計算書

⋮		
税引前当期純利益	1,000	
法人税，住民税及び事業税	360	セットで300になる。
法人税等調整額	△60	
当期純利益	700	

貸借対照表

繰延税金資産	60	

4　一時差異と永久差異

(1)　将来減算一時差異と繰延税金資産

将来減算一時差異は，差異が生じたときに課税所得の計算上加算され，将来，当該差異が解消するときに課税所得の計算上減算されるものである。実務の多くはこの差異である。

繰延税金資産（前払税金に相当）＝将来減算一時差異×法定実効税率

(2)　将来加算一時差異と繰延税金負債

将来加算一時差異は，差異が生じたときに課税所得の計算上減算され，将来，当該差異が解消するときに課税所得の計算上加算されるものである。

繰延税金負債（未払税金に相当）＝将来加算一時差異×法定実効税率

(3)　永久差異

会計上の利益（収益と費用）と税務上の所得（益金と損金）の違いには，認識のタイミングが異なるもの（一時差異）のほか，会計上の収益と費用および税務上の益金と損金の考え方自体が異なるものがある。

前者の差異，つまり一時差異は解消されるが，後者の差異は永久に解消されることがない。このような差異を永久差異という。したがって，永久差異は，税効果会計の対象とはならない（仕訳不要ということ）。

5　税効果会計の方法

(1)　資産負債法（制度会計）

商品評価損200（一時差異という）を貸借対照表から計算する方法である。

期末商品帳簿棚卸高　5,000　　正味売却価額　4,800

会計上の貸借対照表

貸借対照表

商　　品	4,800		

税務上の貸借対照表

貸借対照表

商　　品	5,000		

税務上の商品5,000－会計上の商品4,800＝200

(2)　繰延法

商品評価損200（期間差異という）を損益計算書から計算する方法である。

損益計算書の商品評価損がそのまま200として計算される。

理解度check③　解答はP.50

問1　法人税，住民税及び事業税の3つの税率を考慮した税率を何というか。

問2　税効果会計の方法を2つ挙げなさい。

理解度check②解答　**問1** 発生時の費用とする。　**問2** 固定資産の部・無形固定資産

4 固定資産の減損に係る会計基準

設定主体　企業会計審議会

設定時期　平成14年８月

適用時期　平成16年４月１日以後開始する事業年度

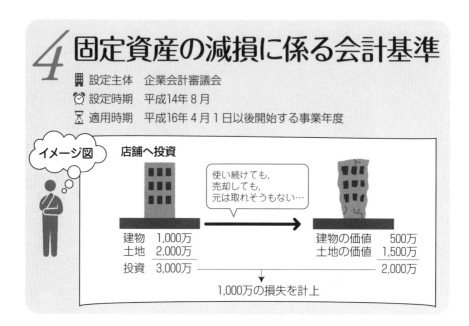

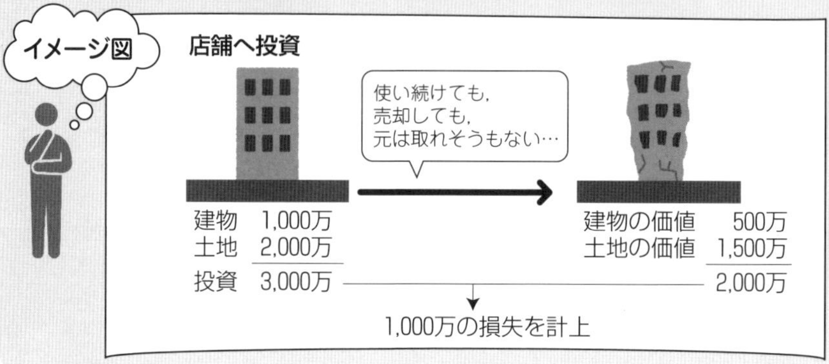

1　概　要

建物，備品などの有形固定資産は，将来費用に転化する資産であり費用性資産という。

費用性資産は，購入時に取得原価（取得に要した金額）で評価し，決算日に価値の減少分（減価償却費）を減額して貸借対照表価額とする。しかし，有形固定資産のうち**収益性が低下した**（元が取れなくなった）ものについて評価損（**減損損失**）の計上を義務付けた。

2　意　義

固定資産の減損とは，固定資産の**収益性の低下**により投資額の回収が見込めなくなった状態であり，減損処理とは，そのような場合に，一定の条件の下で回収可能性を反映させるように帳簿価額を減額する会計処理である。つまり，投資額の回収が見込めない固定資産は，そのまま次期以降に繰り越さないこととした。

もっと詳しく 収益性の低下とは？

減損会計の「資産の収益性の低下」とは，帳簿価額（取得原価－減価償却累計額）に相当する金額を「使用を続けても」，「売却しても」，回収できない状態をイメージすればよい。

3 内容と会計処理

固定資産の減損損失は，相当確実な場合に限り認識（当期に計上）する。そのため，以下の手続に従って計算をする。計算途中で減損損失を計上することが不要となれば計算をやめればよい。

(1) 対象資産または資産グループの決定

単体としての資産とするか，工場の土地・建物・機械・備品などをグループにするかということである。

(2) 減損の兆候があるか

減損の兆候の例として，資産または資産グループが使用されている営業活動から生じる継続的な営業損失またはキャッシュ・フローがマイナスになった場合がある。

(3) 減損損失の認識の判定（ここから計算が開始される）

固定資産の**割引前将来キャッシュ・フロー**が固定資産の帳簿価額を下回っている場合に減損損失を測定（(4)へ）する。

割引前将来キャッシュ・フローとは，使用を続けた場合から得られるキャッシュ・フロー（現金流入額）をいう。

⑷　減損損失の測定

帳簿価額を**回収可能価額**まで減額し，当該減少額を減損損失として当期の損失とする。

回収可能価額とは，**使用価値**（割引前将来キャッシュ・フローの現在価値）と**正味売却価額**（今，売却した場合の収入額）のいずれか高い方の金額をいう。

> プラスα **使用価値，正味売却価額のいずれか高い方の金額？**
>
> 企業は使用を続けるか，それとも売却するか。企業の意思決定は「高い方を選択するはずである」ことを根拠とする。
>
> われわれの日常生活でも何度となく直面する問題である。体は自然に「得」する方を選択しているはずである。

計算例

減損の兆候がある固定資産の資料

① 帳簿価額　6,000（単位は省略）　残り耐用年数５年

② この資産を，残りの耐用年数分を使用した場合における割引前将来キャッシュ・フロー　5,000

③ 使用価値　4,500

使用価値は，割引前将来キャッシュ・フロー5,000を割引した場合の総額である。

④ 正味売却価値　4,200

正味売却価値とは，資産の売却時価4,400（たとえば）から処分費用見込額200を控除した金額である。なお，正味売却価値は，現在のキャッシュ・フローの大きさであるから割引の必要はない。

割引とは？

会計基準では，「現在価値に割引」という規定が多い。割引とは一体どのような意味であろうか。

金利10%で1,000の預金をすると，１年後には1,100，２年後には1,210となる。これを「現在価値に割引」すると，以下のように計算される。

割引現在価値	１年後	２年後
①　1,000 ←	―― 1,100	
②　1,000 ←	――――	―― 1,210

１年後の1,100も２年後の1,210も「現在価値に割引」すると同じ価値である。つまり，「現在価値に割引」とは，将来のキャッシュ・フロー（現金収入）が現在の価値にしたらいくらになるか，を計算することをいう。

手順と計算

手順①　減損の兆候　→　企業判断

手順②　減損の認識の判定

帳簿価額6,000＞割引前将来キャッシュ・フロー5,000

→　測定へ

手順③　減損の測定

使用価値4,500＞正味売却価値4,200

回収可能価額は，使用価値と正味売却価額のいずれか高い方であるから4,500である。

減損損失　6,000（帳簿価額）－4,500＝1,500

手順④　仕訳

（借）	減損損失	1,500	（貸）	固定資産	1,500

手順⑤　財務諸表の表示

貸借対照表

有形固定資産		
固　定　資　産	×××	⇐（取得原価－減損損失1,500）
減価償却累計額	△×××	

損益計算書

⋮

特　別　損　失	
減　損　損　失	1,500

⋮

■図解　固定資産の減損■

減損会計の手順

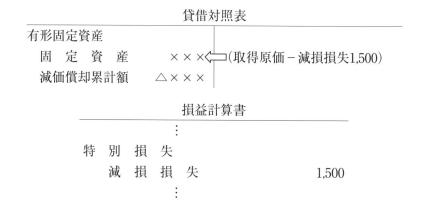

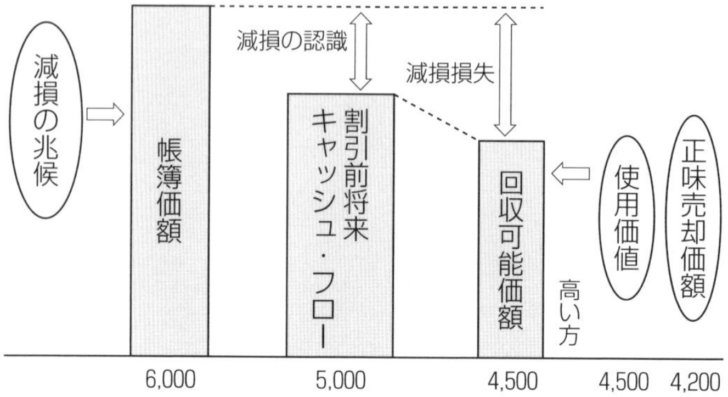

理解度check④　解答はP.55

問1　固定資産の収益性の低下により投資額の回収が見込めなくなった状態を何というか。

問2　回収可能価額とはどのような金額か。

5 企業会計基準第1号 自己株式及び準備金の額の減少等に関する会計基準

設定主体　企業会計基準委員会

設定時期　平成14年2月

改　　正　平成17年12月

最終改正　平成27年3月

適用時期　平成16年4月1日以後開始する事業年度

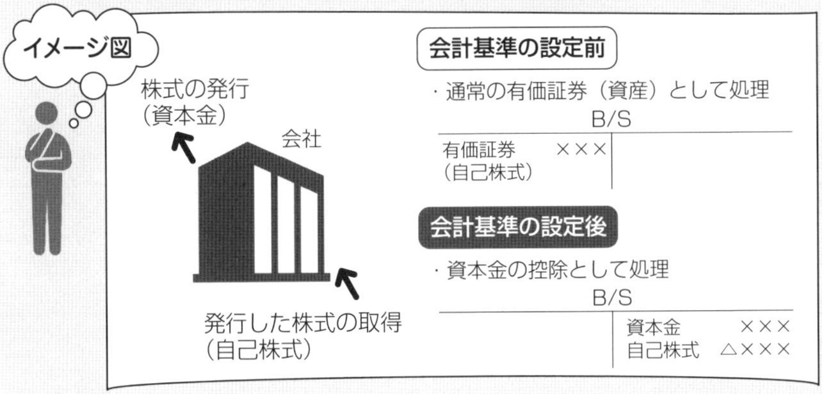

1　概　要

平成13年の商法改正により，従来取得が禁止されていた自己株式の取得が可能となった。この商法改正により自己株式の考え方が，資産とする考え方から資本の控除とする考え方に変更された。これを機に設定されたのが自己株式等会計基準である。

純資産の部の構成要素のうち**自己株式**の取得，処分，消却と資本金，準備金（資本準備金および利益準備金）の減少の会計処理を規定している。

プラスα **純資産の部の表示**

〔純資産の部〕	
株主資本	
資本金	×××
資本剰余金	
資本準備金	×××
その他資本剰余金	×××
利益剰余金	
利益準備金	×××
その他利益剰余金	
任意積立金	×××
繰越利益剰余金	×××
自己株式	△**×××**

↑ 株主資本から一括控除する

2 意　義

自己株式は，企業が発行した株式を自ら買い取った株式で，金庫株（トレジャー・ストック）ともいわれる。自己株式を取得した場合，資本の払戻しと考える会計処理と，有価証券の取得と考える会計処理があったが，資本金の払戻しと考える会計処理を行うこととした。

資本金，準備金（資本準備金および利益準備金）の減少の会計処理とは，資本金，資本準備金の減少の会計処理と利益準備金の減少の会計処理を区別して規定したものである。

> 知っ得★　**株券電子化について**（金融庁ホームページより）
>
> 株券電子化（株式のペーパーレス化）とは，「社債，株式等の振替に関する法律」により，上場会社の株式等に係る株券をすべて廃止し，株券の存在を前提として行われてきた株主権の管理を，証券保管振替機構および証券会社等の金融機関に開設された口座において電子的に行うこととするものである。
>
> 株券電子化の対象は証券取引所に上場された株式であり，未上場の株式（未公開株式）は対象外である。

3　内容と会計処理

(1)　自己株式

① 取得

取得した自己株式は，取得原価をもって純資産の部の株主資本から控除する。

100で自己株式を取得し，手数料10を支払った場合

（借）	自己株式	100	（貸）	現金預金	110
	支払手数料	10			

自己株式の取得手数料は，自己株式の原価に算入しない。

理由

自己株式の取得　→　資本取引（株主との取引）

取得手数料の支払　→　損益取引（株主との取引ではない）

② 処分

自己株式を取得したときより高い金額で処分した場合～自己株式処分差益

自己株式処分差益は，**その他資本剰余金に計上**する。

100で取得した自己株式を120で処分した場合

(借)	現 金 預 金	120	(貸)	自 己 株 式	100
				自己株式処分差益 (その他資本剰余金)	20

自己株式を取得したときより低い金額で処分した場合～自己株式処分差損

自己株式処分差損は，**その他資本剰余金を減額**する。

100で取得した自己株式を80で処分した場合

(借)	現 金 預 金	80	(貸)	自 己 株 式	100
	自己株式処分差損 (その他資本剰余金)	20			

③ 消却（登録抹消）

自己株式を消却した場合には，消却手続が完了したときに，消却の対象となった自己株式の帳簿価額を**その他資本剰余金から減額**する。

100で取得した自己株式を消却した場合

(借)	自己株式消却額 (その他資本剰余金)	100	(貸)	自 己 株 式	100

(2) 資本金，準備金（資本準備金および利益準備金）の減少 ～株主資本の計数の変動

① 資本金と資本準備金の減少によって生じた剰余金

当該剰余金は，その他資本剰余金に計上する。

② 利益準備金の減少によって生じた剰余金

当該剰余金は，その他利益剰余金に計上する。

会社法では，株主総会の決議により，いつでも株主資本の計数を変動させることができる。ただし，資本金と準備金の額の減少については，株主

総会と債権者保護手続（銀行，仕入先などへの告知と同意）を必要とする。

株主資本の計数の変動とは，資本金・資本剰余金内部での科目の振替えと利益剰余金内部での科目の振替えをいう。

■資本金・資本剰余金内部の変動パターン■

資本金 ⟺ 資本準備金

資本金 ⟺ その他資本剰余金

資本準備金 ⟺ その他資本剰余金

■利益剰余金内部の変動パターン■

利益準備金 ⟺ その他利益剰余金

調べよう☞ **関係する会計基準**

企業会計基準第６号　株主資本等変動計算書に関する会計基準

理解度check⑤　解答はP.58

問１　自己株式を取得した場合の貸借対照表の表示方法について述べよ。

問２　株主資本の計数の変動とはどのような意味か。

理解度check④解答

問１　固定資産の減損

問２　回収可能価額とは，使用価値と正味売却価額のいずれか高い方の金額をいう。

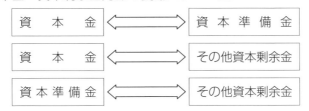

6 企業会計基準第2号
1株当たり当期純利益に関する会計基準

設定主体　企業会計基準委員会
設定時期　平成14年9月
改　　正　平成18年1月（会社法施行による）
最終改正　平成25年9月
適用時期　平成18年5月1日会社法施行日以後

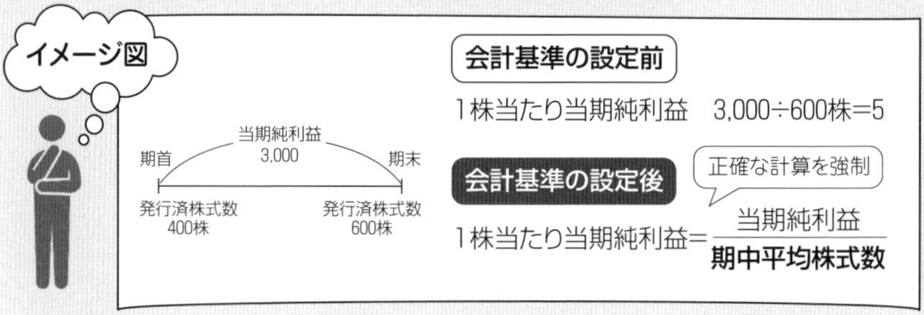

1　概　要

1株当たり当期純利益の公表は，会計基準が設定される以前から商法（現行の会社法）および証券取引法（現行の金融商品取引法）に基づいて開示が要求されてきた。

1株当たり会計基準は，自己株式の取得制限の撤廃，種類株式制度の見直しを機に設定された。

2　意　義

1株当たり当期純利益の算定および開示は，普通株主に関する1会計期間における企業の成果を示し，投資家の的確な投資判断に資する情報を提供することにある。

もっと詳しく **配当性向について**

配当性向とは，その期の当期純利益の中から，配当金をどのくらい支払っているかの割合のことである。配当性向は，株式投資を行う際における投資者の意思決定のための企業を評価する指標の１つである。

１株当たり当期純利益　1,000円
１株当たりの配当金　　　300円
配当性向　300円÷1,000＝0.3（30％）

配当性向は，経営分析の手法の１つであるが，１株当たり当期純利益と関係のある指標である。

3　１株当たり当期純利益の算定

算定式は次のとおりである。

$$
1\text{株当たり当期純利益}=\frac{\text{普通株式に係る当期純利益}}{\text{普通株式の期中平均株式数}}
$$

$$
=\frac{\text{普通株式に係る当期純利益}}{\text{普通株式の期中平均発行済株式数}-\text{普通株式の期中平均自己株式数}}
$$

計算例

1　期首現在の普通株式発行数　19,200株

2　×1年10月1日を払込期日として新株発行による増資が行われた。新株式の発行数は普通株式2,400株である。

3　×2年2月1日に自己株式1,920株を取得し，その他資本剰余金を使用して消却した。

4　当期の決算（×2年3月31日）により計上された当期純利益の金額は7,530,000円である。

$$1株当たり当期純利益 \quad \frac{7{,}530{,}000円}{20{,}400株^{*1}-320株^{*2}}=\frac{7{,}530{,}000円}{20{,}080株}=375円$$

＊1　普通株式の期中平均発行済株式数

{19,200株×6ヵ月＋(19,200＋2,400)株×6ヵ月}÷12ヵ月＝20,400株

＊2　普通株式の期中平均自己株式数

1,920株×2ヵ月÷12ヵ月＝320株

プラスα　1株当たり純資産額

会社計算規則では，「1株当たり情報の注記」として，「1株当たりの当期純利益又は当期純損失」とあわせて「1株当たり純資産額」を規定している。

$$1株当たり純資産額＝\frac{普通株式の期末純資産額}{普通株式の期末株式数}$$

理解度check⑥

解答はP.62

問　1株当たり情報を2つ挙げなさい。

メモ　企業会計基準第3号は「退職給付に係る会計基準」の一部改正のため省略

理解度check⑤解答

問1　自己株式は，取得原価をもって純資産の部の株主資本から控除する。

問2　株主資本の計数の変動とは，資本金・資本剰余金内部での科目の振替えと利益剰余金内部での科目の振替えをいう。

7 企業会計基準第4号 役員賞与に関する会計基準

設定主体　企業会計基準委員会
設定時期　平成17年11月
適用時期　平成18年５月１日会社法施行日以後

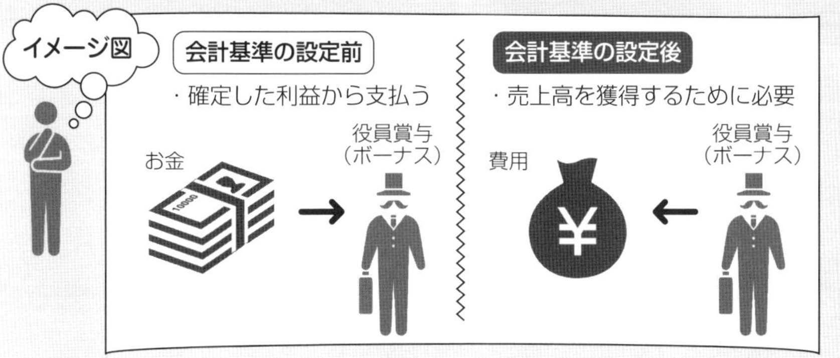

1　概　要

従来，我が国においては，取締役や監査役に対するいわゆる報酬（以下「役員報酬」という。つまり役員の給与）は，発生時に費用として会計処理し，取締役や監査役に対する役員賞与（いわゆるボーナス）は，利益処分により，**未処分利益（現在の繰越利益剰余金）の減少**とする会計処理を行うことが一般的であった。

損益計算書

⋮

当期純利益　　×××　従来は当期純利益を減少

従来の仕訳

（借）	未処分利益 （繰越利益剰余金）	×××	（貸）	未払役員賞与	×××

しかし，役員賞与は，経済的実態としては費用として処理される業績連動型報酬（業績により決定する役員報酬＜給与＞）と同様の性格であると考えられるため，**費用として処理**することとされた。

損益計算書

販売費及び一般管理費	
役員賞与引当金繰入	×××

2　意　義

利益処分により，未処分利益（現在の繰越利益剰余金）の減少とする会計処理を行う場合と比較して，損益計算書の経営成績をより適正に示すことができる。

3　内容と会計処理

役員賞与の支給が次期株主総会の決議事項とされている場合と，役員賞与の支給が定款の定めで取締役会の決議事項とされている場合とがあり，会計処理（貸方科目）が異なる。借方科目は，両者とも損益計算書の販売費及び一般管理費に記載される。

(1)　役員賞与の支給が次期株主総会の決議事項とされている場合

この場合は，支給見込額（金額は見積り）を引当金（引当金計上の要件を満たす）として処理をする。

貸借対照表

	役員賞与引当金	×××

損益計算書

販売費及び一般管理費	
役員賞与引当金繰入	×××

もっと詳しく **引当金計上の要件**（企業会計原則注解【注18】）

以下の要件を満たした場合には，当期の負担に属する金額を当期の費用または損失として引当金に繰り入れ，当該引当金の残高を貸借対照表の負債の部（負債性引当金）または資産の部（評価性引当金～貸倒引当金）に記載するものとする。

i　将来の特定の費用または損失であること
ii　その発生が当期以前の事象に起因していること
iii　発生の可能性が高いこと
iv　金額を合理的に見積もることができること

(2) 役員賞与の支給が定款の定めで取締役会の決議事項とされている場合

この場合は，支給額が見積りではなく確定しているため，未払役員賞与として処理をする。

貸借対照表

	未払役員賞与	×××

損益計算書

販売費及び一般管理費	
役員賞与	×××

プラスα **引当金と未払費用**

引当金，未払費用はいずれも負債項目であり，いまだ支払日が到来していない点で共通する。

また，引当金は当期の負担額を合理的に**見積もり**計上した金額未確定債務である負債性引当金だが，未払費用は当期の**確定額**を時間基準により配分した金額確定債務である。

理解度check⑦

解答はP.65

問　役員賞与引当金繰入または役員賞与は，損益計算書のいかなる区分に表示されるか。

理解度check⑥解答　1株当たり当期純利益又は当期純損失　1株当たり純資産額

8 企業会計基準第5号 貸借対照表の純資産の部の表示に関する会計基準

設定主体　企業会計基準委員会
設定時期　平成17年12月
最終改正　平成25年９月
適用時期　平成18年５月１日会社法施行日以後

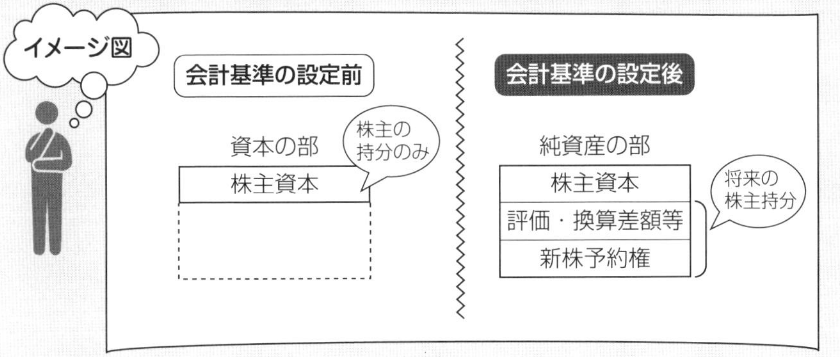

1　概　要

従来（企業会計原則），貸借対照表は，資産の部，負債の部および資本の部に区分するものとされ，さらに資本の部は，会計上，株主の払込資本と利益の留保額（留保利益）に区分する考え方が反映されてきた。

しかし，金融商品会計基準（現在，損益および株主資本となっていないものを含む）などの設定により，資本の部として表示することが適当ではなくなったため，会社法の制定を契機に資本の部から純資産の部に変更された。

2　意　義

純資産は，**資産から負債を控除した差額**であり，**株主資本**と**株主資本以外の項目**によって構成される。

貸借対照表は従来，資産の部，負債の部および資本の部に区分されてきた。しかし，純資産会計基準によれば，貸借対照表は，資産の部，負債の部および純資産の部に区分することとなった。

貸借対照表の貸方項目のうち，資本は「株主に帰属するもの」，負債は「返済義務のあるもの」と区別してきたが，金融商品会計基準の設定などにより，その他有価証券評価差額金など資本や負債に該当しない項目が生じることとなった。

そのために，純資産会計基準では，貸借対照表上，まず資産性または負債性を持つものを資産の部または負債の部に記載することとし，それらに該当しないものは資産と負債との差額として純資産の部に記載することとした。

このような背景から，資本の部から純資産の部に変更し，純資産の部を**株主資本**（株主持分），**評価・換算差額等**（いまだ損益と認識されない項目），**新株予約権**（権利行使により株主資本となる項目）に分け，財務諸表利用者にわかりやすい表示方法となった。

3　純資産の部の表示（読みやすくするため番号を付している）

それぞれの科目が持つ意味は，他の会計基準でも解説している。

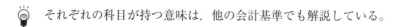

〔純資産の部〕	
株主資本 　1　資本金 　2　資本剰余金 　　(1)　資本準備金 　　(2)　その他資本剰余金	**資本取引から発生した金額** 資本金と資本剰余金の合計は，増資など株主との取引から生じた払込金である。
3　利益剰余金 　　(1)　利益準備金 　　(2)　その他利益剰余金 　　　　別途積立金 　　　　繰越利益剰余金	**営業活動の成果（汗と涙の結晶）** 利益剰余金は，科目名は異なるものがあっても元はすべて当期純利益である。つまり，損益計算書から振り替えた金額である。
4　自己株式	株主資本の控除金額
評価・換算差額等 　1　その他有価証券評価差額金 　2　繰延ヘッジ損益 新株予約権	**株主資本や負債に該当しない項目** その他有価証券評価差額金，繰延ヘッジ損益，新株予約権など未だ株主の持分にならない項目である。

補足　資本準備金の意味

昭和56年商法改正までの増資の会計処理を示しておこう。

ある会社の株式額面50円（現在は額面株式を廃止），株式時価700円の会社が１株の増資をしたとしよう。

この場合，額面金額50円を資本金とし，払込額700円との差額650円を資本準備金としていたのである。

資本準備金は株式発行差金といわれ，株価上昇のプレミアム価値を示していたといえる。そのため，現在でも資本金より資本準備金の方が大きい会社も珍しくない。

理解度check⑧

解答はP.69

問　純資産の部を２区分に大別しなさい。

理解度check⑦解答　販売費及び一般管理費

9 企業会計基準第6号 株主資本等変動計算書に関する会計基準

設定主体　企業会計基準委員会
設定時期　平成17年12月
改　　正　平成25年9月
適用時期　平成18年5月1日会社法施行日以後

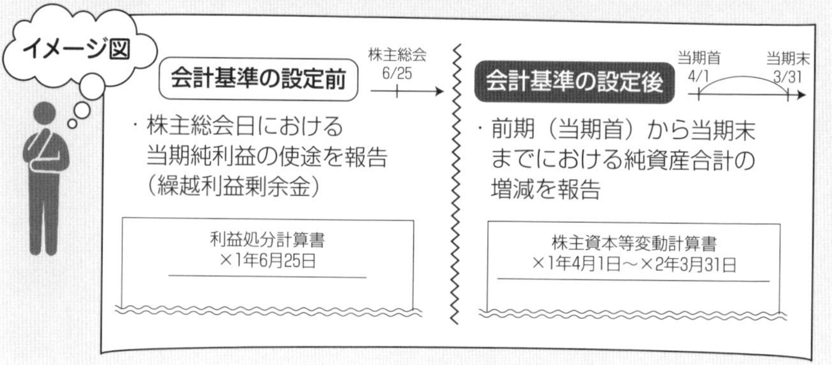

1　概　要

平成18年5月から適用された会社法では，株主総会の決議により，いつでも**株主資本の計数を変動**させることができると規定され，また，**剰余金の配当**は，年2回（決算配当と中間配当）が撤廃され，いつでも配当ができるとされたことなどから，純資産の部に記載される金額の変動を公表するために作成が義務付けられたのが，株主資本等変動計算書である。

2　意　義

株主資本等変動計算書は，貸借対照表の純資産の部の1会計期間における変動額のうち，主として，株主に帰属する部分である株主資本の各項目の変動事由を報告するために作成するものである。

3　内容と様式（作成方法）

(1)　内容

当期首純資産残高	株主資本等変動計算書	当期末純資産残高
株主資本 　資本金 　資本剰余金 　利益剰余金 　自己株式 　株主資本合計 評価・換算差額等 新株予約権	株主資本の各項目については，変動事由ごとにその金額を表示 当期変動額を「純額」で表示	株主資本 　資本金 　資本剰余金 　利益剰余金 　自己株式 　株主資本合計 評価・換算差額等 新株予約権
純資産合計		純資産合計

もっと詳しく　株主資本の計数の変動（前述）

株主資本の計数の変動とは，資本金・資本剰余金内部での科目の振替えと利益剰余金内部での科目の振替えをいう。

① 資本金・資本剰余金内部の変動パターン

資本金 ⟺ 資本準備金

資本金 ⟺ その他資本剰余金

資本準備金 ⟺ その他資本剰余金

② 利益剰余金内部の変動パターン

利益準備金 ⟺ その他利益剰余金

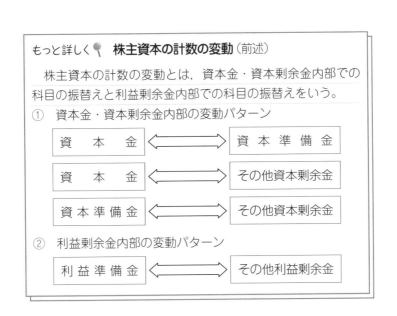

(2) 様式

純資産の部の各項目を横に並べる様式（原則）と純資産の部の各項目を縦に並べる様式（省略）がある。

株主資本等変動計算書の様式（原則）

	株主資本										評価・換算差額等			新株予約権	純資産合計
	資本金	資本剰余金			利益剰余金				自己株式	株主資本合計	その他有価証券評価差額金	繰延ヘッジ損益	評価・換算差額等合計		
		資本準備金	その他資本剰余金	資本剰余金合計	利益準備金	その他利益剰余金		利益剰余金合計							
						××積立金	繰越利益剰余金								
当期首残高	×××	×××	×××	×××	×××	×××	×××	×××	△×××	×××	×××	×××	×××	×××	×××
当期変動額															
新株の発行	×××	×××		×××						×××					×××
剰余金の配当					×××		△×××	△×××		△×××					△×××
当期純利益							×××	×××		×××					×××
自己株式の処分									×××	×××					×××
：															
株主資本以外の項目の当期変動額（純額）											×××	×××	×××	×××	×××
当期変動額合計	×××	×××	−	×××	×××	−	×××	×××	×××	×××	×××	×××	×××	×××	×××
当期末残高	×××	×××	×××	×××	×××	×××	×××	×××	△×××	×××	×××	×××	×××	×××	×××

株主資本以外の各項目（評価・換算差額等，新株予約権）の当期変動額は，純額で表示する。

(3) 作成方法

手順①　当期首（前期末）貸借対照表の純資産の部（株主資本のみ）から

当期首（前期末）純資産残高	
株　主　資　本	
資本金	80,000
資本剰余金	70,000
利益剰余金	60,000
株主資本合計	210,000

手順②　当期末貸借対照表の純資産の部（株主資本のみ）から

当期末純資産残高	
株　主　資　本	
資本金	90,000
資本剰余金	80,000
利益剰余金	75,000
株主資本合計	245,000

手順③　当期首残高（前期末残高）と当期末残高の差額を「当期変動額合計」欄に記載する。

手順④　当期中の変動事由を記載する。

☑株主資本等変動計算書の記載例

株主資本等変動計算書

	資本金	資本剰余金	利益剰余金	株主資本合計	
当期首残高	80,000	70,000	60,000	210,000	←**手順①**
当期変動額					
:					←**手順④**
当期変動額合計	10,000	10,000	15,000	35,000	←**手順③**
当期末残高	90,000	80,000	75,000	245,000	←**手順②**

※　当期首残高は勘定科目の前期繰越高であり，当期末残高は勘定科目の次期繰越額である。

理解度check⑨　解答はP.72

問　株主資本等変動計算書は，１会計期間の［　　　　］の変動額を報告するために作成する。

［　　　　］内に入る適当な用語を示しなさい。

理解度check⑧解答　株主資本　株主資本以外の項目

10 企業会計基準第７号 事業分離等に関する会計基準

設定主体　企業会計基準委員会

設定時期　平成17年12月

改　　正　平成25年９月

適用時期　平成18年４月１日以後開始する事業年度

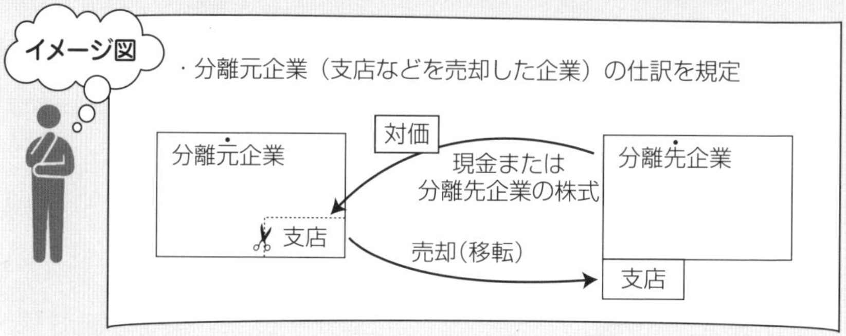

1　概　要

この会計基準は，企業の事業部など（支店など）を他の企業に移転（譲渡）させるときの移転する側（分離元企業）における会計処理を規定したものである。事業部などの移転を受けた側（分離先企業）の会計処理は，企業結合会計基準で規定している。

したがって，事業分離等会計基準は，企業結合会計基準とあわせて学習すると効果的である。

■A社の事業部をB社へ移転させる場合～「会社分割」（吸収分割）の例■

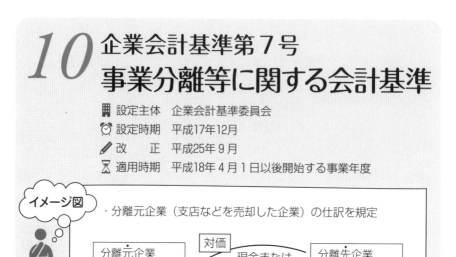

Ａ社を**分離元企業**といい，会計処理は事業分離等会計基準が適用される。Ｂ社を**分離先企業**といい，会計処理は企業結合会計基準が適用される。

2　意　義

企業結合会計基準では，企業結合に該当する取引を対象とし，結合企業を中心に結合当事企業の会計処理を定めている。

これを受けて事業分離等会計基準では，会社分割や事業譲渡などの場合における事業を分離する企業（分離元企業）の会計処理（**移転損益**を認識するかどうか）など，会計処理（交換損益を認識するかどうか）を定めることを目的とする。

3　内容と会計処理～会社分割

会社分割（吸収分割）の計算例

Ａ社が分割部門（資産1,000，負債600）をＢ社に移転し，Ｂ社はＡ社へ対価としてＢ社株式（時価500）を交付した。

(1)　移転した事業に関する投資（資産・負債）が清算されたと考える場合～Ｂ社がＡ社の子会社または関連会社とならない場合

「清算された」とは，分割部門の営業活動についてＡ社の意思は反映されない，という意味である。

分割部門（帳簿価額）とＢ社株式（時価）との差額を移転損益とする。

A社の仕訳

(借)	諸負債	600	(貸)	諸資産	1,000
	投資有価証券 (時価)	500		移転損益 (利益)	100

移転した諸資産1,000と諸負債600の差額が帳簿上の価値である。その対価としてB社株式(投資有価証券)500を取得したので移転損益(移転利益)100が計上される。

(2) 移転した事業に関する投資(資産・負債)が清算されていないと考える場合～B社がA社の子会社または関連会社となる場合

「清算されていない」とは，分割部門の営業活動についてA社の意思が依然として反映される，という意味である。

A社の分割部門の資産と負債の差額をB社株式の評価額とする。

A社の仕訳

(借)	諸負債	600	(貸)	諸資産	1,000
	関係会社株式 (差額)	400			

補足 **B社の仕訳**(企業結合会計基準参照)

この仕訳は，合併時の仕訳と同様である。

(借)	諸資産	1,000	(貸)	諸負債	600
	のれん	100		資本金 (株式時価)	500

理解度check⑩

解答はP.75

問 事業分離等会計基準では，事業の移転元企業をどのような名称でよんでいるか。

11 企業会計基準第8号 ストック・オプション等に関する会計基準

設定主体　企業会計基準委員会
設定時期　平成17年12月
最終改正　平成25年9月
適用時期　平成18年5月1日会社法施行日以後

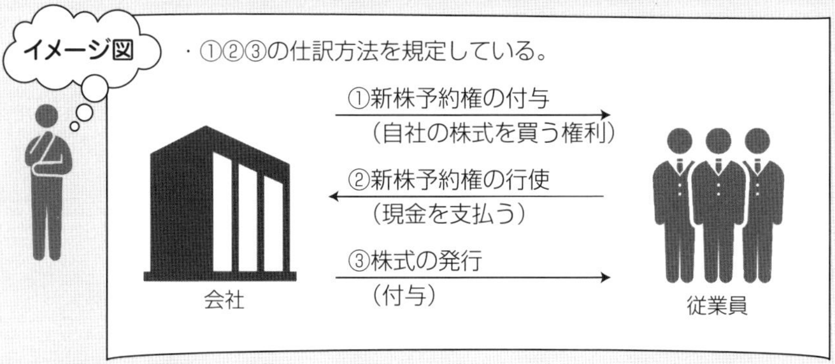

1　概　要

新株予約権は，新株予約権を購入した外部投資者が発行会社の株式を定められた価格で購入できる権利である。

ストック・オプションは，企業が従業員等（会社と雇用関係のあるもの，従業員のほかに役員など）に新株予約権を付与することをいう。

・企業の外部の第三者に付与（有償）→新株予約権
・自社の従業員等に付与（無償）→ストック・オプションの新株予約権

2　意　義

従業員や役員（従業員等）に，一定期間後に自社株を一定の価格（新株予約権付与時の株式時価相当額）で購入する権利を与える制度である。

新株予約権は，株式会社に対して行使することにより当該株式会社の株式の交付を受けることができる権利をいう。新株予約権発行会社は，新株予約権の権利行使の有無が確定するまで純資産の部に記載する。

> 補　足　**従業員等が持つ業績向上の意欲とは**
>
> ストック・オプションは，従業員等に業績向上の意欲を持たせるのがねらいである。段階的に説明しよう。
>
> ①　頑張れば企業利益がより多く計上される。
> ②　企業利益が多く計上されると株価が上昇する。
> ③　従業員等は株価上昇前の価格で株式を取得できる。
> ④　上昇前の株価と上昇後の株価の差額が成功報酬となる。

3　内容と会計処理

ストック・オプションを付与し，これに応じて企業が従業員等から取得するサービス（労働用役）は，その取得に応じて費用として計上する。対応する金額を，ストック・オプションの権利の行使または失効が確定するまでの間，貸借対照表の純資産の部に新株予約権として計上する。

> プラスα　**ストック・オプションの価格**（公正な評価単価）
>
> ストック・オプションの取引価額はどのように決定するのか。新株予約権発行会社では，現金の支出も収入もない。
>
> 新株予約権は，一定期間後に自社株式を購入できる権利であるが，付与日の株式時価相当（たとえば１株100円）で将来，自社株式を購入できるとしておく。将来，従業員等が頑張れば株価が上昇（たとえば120円）するであろう。
>
> 差額20円は従業員等の儲けになり，会社にとっては20円分の資金調達を逸したことになる。この20円を会社は費用（株式報酬費用）として計上する。しかし，本当に将来20円

分の株価が上昇するであろうか？　これは，過去の株価推移，将来の確率計算*により決定する。

＊ブラック・ショールズ式や二項モデル等。数学の問題である。

計算例

新株予約権に関する資料

発行条件　新株予約権の目的たる株式の種類および数

普通株式：500株

新株予約権の発行総数：100個（1個で5株取得できる）

（権利の個数ということで，単位「個」とする）

新株予約権の発行価格：1個につき20（予想株価上昇分）

新株予約権の行使の際の払込金額：1株当たり250（現在の株価相当額）

新株予約権発行時の仕訳

（借）	株式報酬費用 （販管費）	2,000	（貸）	新株予約権	2,000

100個×@20（新株予約権の発行価格）＝2,000

純資産の部	
株主資本	
：	：
新株予約権	2,000

損益計算書	
販売費及び一般管理費	
株式報酬費用	2,000

理解度check⑪　解答はP.80

問　従業員等に新株予約権を付与することは何とよばれているか。

理解度check⑩解答　分離元企業

12 企業会計基準第9号 棚卸資産の評価に関する会計基準

設定主体　企業会計基準委員会
設定時期　平成18年7月
最終改正　2019年7月4日（和暦から西暦に変更された）
適用時期　平成20年4月1日以後開始する事業年度
※2019年改正は，2021年4月1日から適用

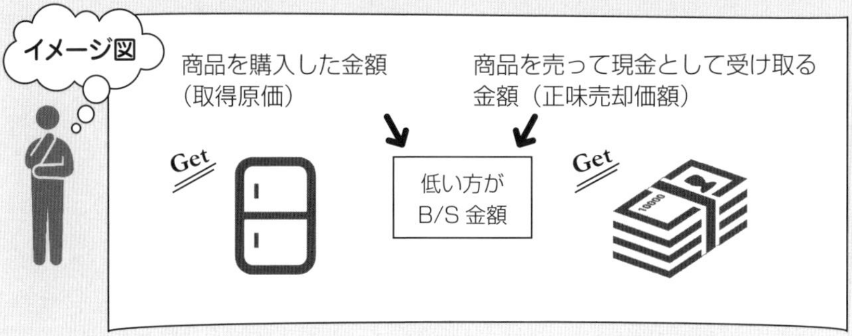

1　概　要

この会計基準は，棚卸資産の貸借対照表価額の決定について規定している。

棚卸資産とは，商品，製品，半製品，原材料，仕掛品などの資産であり，企業がその営業目的を達成するために所有し，かつ，売却を予定する資産のほか，売却を予定しない資産であっても，販売活動および一般管理活動において短期間に消費される事務用消耗品なども含まれる。

なお，売却には，通常の販売のほか，活発な市場が存在することを前提として，棚卸資産の保有者が単に市場価格の変動により利益を得ることを目的とする**トレーディング**目的の棚卸資産を含む。

2 意 義

棚卸資産は，個別法，先入先出法，移動平均法，総平均法および売価還元法などの方法により計算され，同時に棚卸資産会計基準に基づいて評価される。棚卸資産の範囲・評価は企業会計原則ならびに連続意見書第四に準拠して行われていたが，この会計基準により国際的な会計基準と整合させると同時に整理された。

もっと詳しく 連続意見書とは？

昭和35年～37年の期間に「企業会計原則と関係諸法令との調整に関する連続意見書」が第一から第五まで公表された。当時，企業会計原則，商法，証券取引法，税法など財務諸表の表示や資産評価が大きく乖離しており，これらを調整（統一）することの一歩として公表され，略して「連続意見書」といわれている。いまは，国際的な会計基準の共通化（コンバージェンス）を目指しているが，連続意見書は国内の統一を目指していたものである。

連続意見書の目次を示しておこう。

第一　財務諸表の体系について

第二　財務諸表の様式について（商法と証券取引法は異なる様式であった）

第三　有形固定資産の減価償却について
　　現在でも，試験，実務ともに参考となる資料である。

第四　棚卸資産の評価について
　　これが棚卸資産の評価に関する会計基準の原型である。

第五　繰延資産について
　　現在は「繰延資産の会計処理に関する当面の取扱い」（実務対応報告第19号）が適用されている。

『会計法規集』に収録されている。試験では，第三から第五まで読んでおくことを勧める。

3　内容と会計処理

通常の販売目的（販売するための製造目的を含む）で保有する棚卸資産は，取得原価をもって貸借対照表価額とし，期末における正味売却価額が取得原価よりも下落している場合には，当該正味売却価額をもって貸借対照表価額とする。この場合において，取得原価と当該正味売却価額との差額は当期の費用（評価損）として処理する。

> プラスα　**棚卸資産の正味売却価額**
>
> 正味売却価額は，「固定資産の減損に係る会計基準」でも登場した。棚卸資産の正味売却価額は，固定資産とは異なり，売却市場があるため次の算式により計算する。
>
> 商品→　売却市場の時価である売価－**見積販売直接経費**
>
> 製品→　売却市場の時価である売価
>
> －**見積追加製造原価**および**見積販売直接経費**

(1)　期末商品・製品の評価（貸借対照表価額の決定）

計算例

商品　商品有高帳の期末残高　数量10個　@50　500

実地棚卸高　数量10個　正味売却価額　@48

商品評価損（@50－@48）×10個＝20

貸借対照表価額　500－20＝480

(2)　期末原材料の評価

原材料には売却市場がない場合が多いため，正味売却価額に代えて**再調達原価**（購入市場の時価＋付随費用←今購入したらいくらで買えるか）を適用できる。

計算例

原材料　材料元帳の期末残高　数量50kg　@10　500

実地棚卸高　数量50kg　再調達原価　@ 9

原材料評価損（@10－@ 9 ）×50kg＝50

貸借対照表価額　500－50＝450

(3)　トレーディング目的の棚卸資産（金，銀など）の評価

> **知っ得★　トレーディングとは？**
>
> 株式（有価証券）は，どのような目的で購入するか。配当金，優待，株価の上昇による利益獲得など購入動機はさまざまである。会計上は，株価の上昇による利益獲得目的（売買目的）を前提として処理をする。
>
> それでは，金，銀，プラチナなどはどうか。これらは取得しても配当金も優待もないから時価の上昇による利益獲得目的となろう。これをトレーディングという。
>
> ちなみに金，プラチナは，1g4,000円〜6,000円前後の時価で推移しており，銀は1kg 70,000円前後で推移している。

計算例

金（純度99.99％以上）の期末残高　数量500 g　取得価額　@4,200

金（純度99.99％以上）の期末市場価格　@4,250

金の評価益（@4,250－@4,200）×500 g ＝25,000

貸借対照表価額　@4,250×500 g ＝2,125,000

> **補　足　トレーディング目的の棚卸資産の評価損益**
>
> 金などの評価損益は売上高に加減する。

理解度check⑫

解答はP.89

問 以下のように算定される金額を何というか。

売却市場の時価である売価	−	見積追加製造原価および見積販売直接経費

理解度check⑪解答 ストック・オプション

13 企業会計基準第10号 金融商品に関する会計基準

設定主体　企業会計基準委員会（当時は企業会計審議会）
設定時期　平成11年1月
最終改正　2019年7月
適用時期　平成12年4月1日以後開始する事業年度

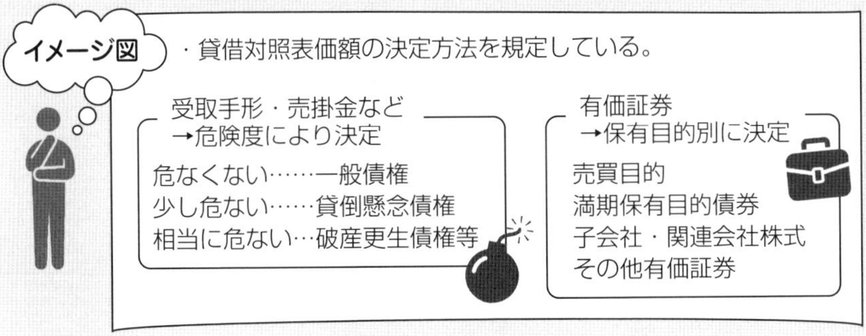

イメージ図
・貸借対照表価額の決定方法を規定している。
受取手形・売掛金など
→危険度により決定
危なくない……一般債権
少し危ない……貸倒懸念債権
相当に危ない…破産更生債権等
有価証券
→保有目的別に決定
売買目的
満期保有目的債券
子会社・関連会社株式
その他有価証券

1　概　要

この会計基準は，会計基準の代表的存在である。平成10年以降，新聞，雑誌，テレビを通じて「会計ビッグバン」などと報道され会計に縁のない人にも「何が起きている？」と騒がれたものである。その原因を作ったのは有価証券の評価である。つまり，期末に所有する有価証券は時価をもって貸借対照表価額とする「**時価主義会計**」の導入であった。

金融商品会計基準は，**有価証券の評価**ばかりでなく**債権の評価（貸倒引当金の計上）**でも新しい会計処理を誕生させ，また，従来，オフバランス（取引があるが貸借対照表に表示されない）とされた**デリバティブ取引**（金融派生商品～先物取引）をオンバランスさせる会計処理も誕生させた。

もっと詳しく **時価主義会計とは？**

資産は，原則として「取得原価主義」により評価される。取得原価とは，取得に要した支出額を意味し，資産は購入した金額である。取得原価主義は，資産の貸借対照表価額は取得原価を基本に評価することを意味する。その理由は，決算日現在所有する資産を，取得原価を超える金額で評価すると評価益が計上されるからである。つまり，この評価益は資金の流入がないため法人税等・配当金の支払いができないのである。仮に評価益を計上し，法人税等・配当金の支払いをすれば企業の資金は不足していくという意味である。

時価主義会計とは，資産を時価で評価することであるから評価益が計上される。したがって，時価主義会計は，「企業の資金は不足していく」という欠点があるため採用されることのなかった資産の評価原則である。金融商品会計基準では，売買目的有価証券など一部の資産であるが，時価評価をすることとしたため「会計ビッグバン」などとよばれたのである。

2　意　義

この会計基準は，**金融資産**（現金預金・受取手形・売掛金などの金銭債権，有価証券，デリバティブ取引から生じる正味の債権）と**金融負債**（支払手形・買掛金などの金銭債務，デリバティブ取引から生じる正味の債務）とに分けてその評価基準を規定している。また，これらの**金融商品**のリスクを回避（ヘッジ）するために開発された**ヘッジ会計**の方法も規定している。

3　有価証券（株式・債券<社債，国債，地方債など>）の評価

有価証券は，所有目的により評価方法を規定している。

■株式■

株　　式	
	売買目的有価証券
	子会社株式・関連会社株式
	その他有価証券

株式は，時価の上昇により利益を得る目的であるなら売買目的有価証券，発行会社の株式を50％超所有していれば子会社株式，20％以上50％以下の所有であれば関連会社株式，それ以外であればその他有価証券に区分する。

■債券■

<table>
<tr><td colspan="3">債券（満期まで６年）
（社債・国債・地方債）
100万・金利年２％
（債券金額）</td></tr>
<tr><td>利札
２万</td><td>利札
２万</td><td>利札
２万</td></tr>
<tr><td>利札
２万</td><td>利札
２万</td><td>利札
２万</td></tr>
</table>

売買目的有価証券
満期保有目的の債券
その他有価証券

利札（りふだ）とは，債券金額に付された利息をいう。期限・金額が印刷されている。損益計算書上は，有価証券利息と表示する。

債券は，債券金額があり将来（満期）の収入が約束されている。この債券についても市場価額があるものは，時価の変動により利益を得る目的なら売買目的有価証券，満期まで保有する目的なら満期保有目的の債券，それ以外ならその他有価証券に区分する。

プラスα　貸借対照表の表示科目

売買目的有価証券	→	**有価証券**
満期保有目的の債券	→	**投資有価証券**
子会社株式・関連会社株式	→	**関係会社株式**
その他有価証券	→	**投資有価証券**

もっと詳しく **その他有価証券とは？**

売買目的有価証券の所有目的は，われわれが株式を買う動機と同じである。債券は，債券金額と取得原価の差額を得るために満期まで保有するのが一般的であろう。したがって，満期保有目的の債券に区分する。子会社株式・関連会社株式は，有利に営業活動を行うための投資であり売却する予定は極めて稀であろう。

わかりにくいのは，それ以外の目的のその他有価証券である。

株式は発行会社の株式の３％を取得しただけでも，帳簿を見る権利という特別な権利（会社法～帳簿閲覧件）が与えられている。したがって，営業活動を有利にするために所有しているかもしれない。また，バブル期に取得して売れずに所有しているかもしれない。さらに，会社同士が買収防止で株式を持ち合っているのかもしれない。つまり，「ただちに売買・換金することに事業遂行上の制約がある」さまざまな目的で所有している有価証券をその他有価証券という。

現実は，その他有価証券に区分する有価証券が一番多いのである。

有価証券の計算例

① 売買目的有価証券

売買目的有価証券は時価をもって貸借対照表価額とする。

Ａ社株式　取得原価　1,000　期末時価　1,200

Ｂ社株式　取得原価　2,000　期末時価　1,900

貸借対照表　有価証券　3,100（時価合計）

損益計算書　有価証券評価益　100（評価益・評価損相殺後）

② 満期保有目的の債券

満期保有目的の債券については，取得原価をもって貸借対照表価額とする。ただし，債券を債券金額より低い価額または高い価額で取得した場合において，取得価額と債券金額との差額の性格が金利の調整と認められるときは，償却原価法に基づいて算定された価額（償却原価）をもって貸借対照表価額とする。償却原価法とは，債券金額と取得原価の差額を満期まで増減させていく方法である。

　Ｃ社社債　債券金額　10,000　取得原価　9,700

　　　　　　債券の金利（年利率２％）

　取得後満期まで３年間

貸借対照表　投資有価証券　9,800（差額300を１年分100増加させる）

損益計算書　有価証券利息　300（100＋10,000×２％）

③　子会社株式・関連会社株式

　建物などと同様に事業投資とみなして取得原価を貸借対照表価額とする。つまり，時価評価しない。

　Ｄ社株式（発行済株式の70％）を5,000で取得

　Ｅ社株式（発行済株式の40％）を3,000で取得

貸借対照表　関係会社株式　8,000

損益計算書　記載なし

④　その他有価証券

　その他有価証券は時価をもって貸借対照表価額とする。

　ただし，取得原価と時価との差額は損益計算書に記載しないで貸借対照表の純資産の部（将来の利益）に記載する。

　Ｆ社株式　取得原価　3,000　期末時価　3,300

貸借対照表　投資有価証券　3,300

　　　　　　その他有価証券評価差額金　300

損益計算書　記載なし

補　足　**貸借対照表の表示**

貸借対照表

投資その他の資産		純　資　産　の　部	
		評価・換算差額等	
投資有価証券	3,000＋300	その他有価証券評価差額金	300

4　債権の評価（貸倒引当金の計上）

受取手形，売掛金，貸付金などの債権は将来の回収可能額により評価される。そのため，債権は，貸倒引当金（回収不能額）の計上など見積計算を必要とする。債権の貸借対照表価額は以下のように計算される。

債権の評価額（回収可能額）

　＝債権の取得価額－貸倒引当金（回収不能額）

貸倒引当金の算定にあたっては，債務者の債権を回収可能性の程度により，**一般債権，貸倒懸念債権，破産更生債権等**に区分する。

(1)　一般債権

経営状態に重大な問題が生じていない債務者に対する債権を一般債権という。

計算例

売掛金の合計　10,000

回収不能見込率（過去の実績で計算）　2％

貸倒引当金　10,000×2％＝200

貸借対照表

売　掛　金	10,000	
貸 倒 引 当 金	△200	

損益計算書　貸倒引当金繰入額　200

(2) 貸倒懸念債権

債務の弁済に重大な問題が生じている債務者に対する債権を貸倒懸念債権という（他の債権から切り離して単独で計算するが，表示科目名は元のままである）。

計算例①（財務内容評価法）

X社の売掛金（回収予定日を6ヵ月経過） 2,000

X社から受け取った担保　有価証券（時価） 1,500

純債権500の回収見込率60％（回収不能見込率40％）

貸倒引当金（2,000－1,500）×40％＝200

貸借対照表

売　掛　金	500	
貸倒引当金	△200	

損益計算書　貸倒引当金繰入額　200

計算例②（キャッシュ・フロー見積法）

キャッシュ・フロー見積法は，債権の将来回収額を現在の価値に割り引いて債権価値を評価する方法である。

Y社の貸付金　1,000（回収日まで1年）

Y社の経営不振を理由に約定金利7％を1％に変更

貸付金の現在価値

当期末（現在価値）	1年後（回収日）	
9 ※1	10	（利息）
935 ※2	1,000	（元金）
現在価値合計　944		

※1　10÷1.07≒9（四捨五入）

※2　1,000÷1.07≒935（四捨五入）

貸倒引当金　1,000－944＝56

貸借対照表

貸付金	1,000	
貸倒引当金	△56	

損益計算書　貸倒引当金繰入額　56

知っ得★　現在価値〜割引の意味

割引計算は，当初の利子率７％で行う。つまり，キャッシュ・フロー見積法の貸倒引当金の金額は，利息を７％から１％に変更したことによる６％の利息の損失額を意味する。

(3)　破産更生債権等（財務内容評価法）

経営破綻に陥っている債務者に対する債権を破産更生債権等という（他の債権から切り離して単独で計算し，表示科目名も破産更生債権等とする）。

計算例

Ｚ社の売掛金（会社更生法適用申請）　2,000

Ｚ社から受け取った担保　有価証券（時価）　500

貸倒引当金　2,000－500＝1,500

貸借対照表

破産更生債権等	2,000	
貸倒引当金	△1,500	

損益計算書　貸倒引当金繰入額　1,500

5　デリバティブ取引（広義の先物取引）

コーヒー豆市場を例に説明しよう。

１ヵ月のコーヒー先物相場が200ｇ500円であった。これを現在，500円で買う約束をした人と，500円で売る約束をした人がいたとする。

・1ヵ月経過したとき，コーヒーの相場が550円なら，買う約束をした人が50円得し，売る約束をした人が50円損をしたことになり，50円（差金）が現金で決済される。1ヵ月後が決済日ではなく決算日であれば，買う約束をした側の貸借対照表は次のように作成される。

貸借対照表

正味の債権	50	

損益計算書　先物債権評価益　50

・1ヵ月経過したとき，コーヒーの相場が450円なら売る約束をした人が50円得し，買う約束をした人が50円損をしたことになり，50円（差金）が現金で決済される。

6　ヘッジ会計

ヘッジ会計とは，ヘッジ取引のうち一定の要件を満たすものについて，ヘッジ対象に係る損益とヘッジ手段に係る損益を同一の会計期間に認識し，ヘッジの効果を会計に反映させるための特殊な会計処理をいう。

わかりにくいので具体的に説明しよう。

先物取引は，現物取引から発生する損を相殺する目的で誕生したものである。現物（たとえば保有国債）の下落が予想される場合に，先物（たとえば国債先物）を売建て（相場が下落すると益が生ずる），現物の損失を相殺する。このような取引をヘッジ取引といい，このような取引を財務諸表に反映させる会計処理をヘッジ会計という。

理解度check⑬　解答はP.92

問1　金融商品会計基準における4つの有価証券の保有区分を挙げなさい。

問2　金融商品会計基準における3つの債権の区分名を挙げなさい。

理解度check⑫解答　正味売却価額

14 企業会計基準第11号 関連当事者の開示に関する会計基準

設定主体　企業会計基準委員会
設定時期　平成18年10月
適用時期　平成20年４月１日以後開始する事業年度

イメージ図

・会社と利害関係を強く持つ者との取引を開示することを規定している。

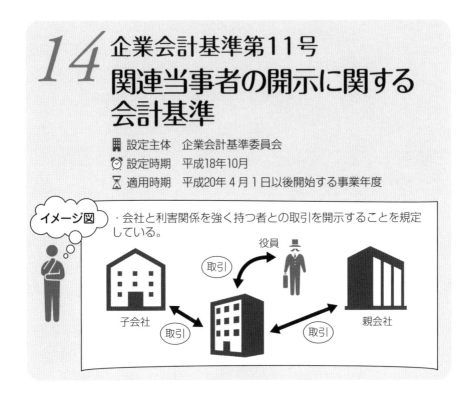

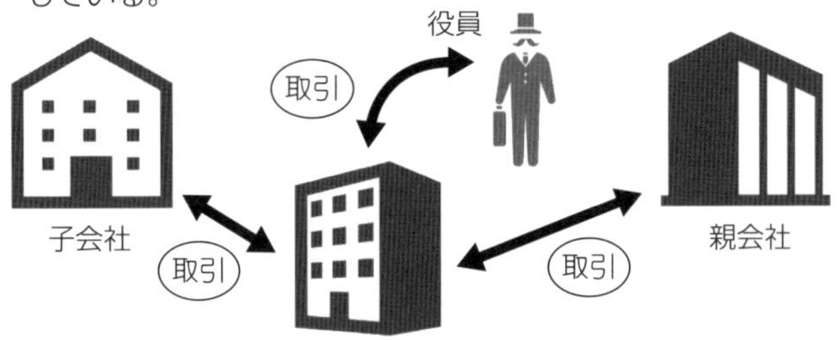

1　概　要

この会計基準は，財務諸表の**注記事項**としての**関連当事者**の開示について，その内容を定めることを目的としたものである。

注記事項とは，財務諸表の本文に対して付された説明や補足である。

2　意　義

会社と関連当事者との取引は，会社と役員等の個人との取引を含め，対等な立場で行われているとは限らず，会社の財政状態や経営成績に影響を及ぼすことがある。すなわち，ある会社にとって関連当事者は，不正または不利益をもたらす可能性のある立場にある。

関連当事者会計基準は，不正または不利益をもたらす可能性のある立場にある者との取引について説明文を要請した会計基準である。財務諸表の本文のみでは把握できないこのような取引を注記により説明するものである。

> **知っ得★　関連当事者と法律の存在意義**
>
> 「太陽は最良の殺菌剤であり，電灯は有能な警察官である」ということわざがある。もちろん天気のいい日には布団を干したり，電灯が犯人を捕まえたりする話ではない。
>
> 会計情報の開示が要求されることにより，企業経営者の不正行為を抑制する効果があるということである。会計報告を行う企業経営者は，会計情報を受け取る利害関係者がどのような反応を起こすかを予測し，あらかじめ自分の経営行動を変更しようとするものである。
>
> やはり，お天道様が見ている前では誰も悪いことはできないし，暗い夜道には電灯を点けておけば犯罪は未然に防げるわけである。

3　関連当事者の範囲（要約）

関連当事者
- ・関係会社……………………………………………………
  - 子会社
  - 親会社
  - 関連会社
- ・財務諸表作成会社と同一の親会社を持つ会社
- ・財務諸表作成会社が他の会社の関連会社である場合における当該他の会社ならびにその親会社および子会社
- ・関連会社および当該関連会社の子会社
- ・財務諸表作成会社の主要株主およびその近親者
- ・財務諸表作成会社の役員およびその近親者など

理解度check⑭

解答はP.95

問 関連当事者である関係会社を3つ列挙しなさい。

理解度check⑬解答

問1 売買目的有価証券　満期保有目的の債券　子会社株式・関連会社株式　その他有価証券

問2 一般債権　貸倒懸念債権　破産更生債権等

15 企業会計基準第12号 四半期財務諸表に関する会計基準

- 設定主体　企業会計基準委員会（当時は企業会計審議会）
- 設定時期　平成19年３月
- 最終改正　平成26年５月
- 適用時期　平成20年４月１日以後開始する事業年度

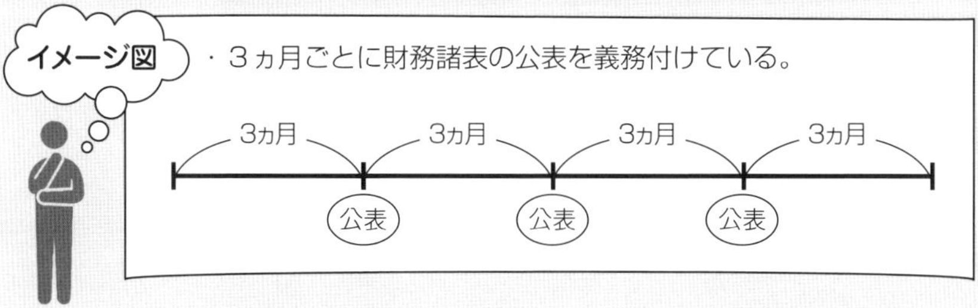

1　概　要

四半期財務諸表の四半期は，文字どおり３ヵ月であり，四半期財務諸表は３ヵ月ごとに作成する財務諸表である。四半期報告書に含まれる財務諸表が四半期財務諸表であり，四半期財務諸表は，**四半期（連結）貸借対照表，四半期（連結）損益および包括利益計算書（四半期（連結）損益計算書），四半期（連結）キャッシュ・フロー計算書**からなる。

なお，四半期財務諸表の作成義務のある企業は，上場企業など（これから上場する企業を含む）である。

2　意　義

従来，半期報告書に含まれる財務諸表（中間財務諸表）が作成されていた。四半期財務諸表は，投資者の将来の業績予測情報をより迅速に提供するために作成するものである。開示の迅速性（四半期末から45日以内に届出を要す）の観点から一部の会計処理・表示方法を許容している。

3　四半期報告書に含まれる財務諸表の開示対象期間

(1)　四半期貸借対照表の開示対象期間

四半期会計期間の末日時点における四半期貸借対照表を開示しなければならない。

つまり，四半期（連結）貸借対照表の作成時点は，各四半期末である。

(2)　四半期損益計算書（四半期（連結）損益および包括利益計算書）の開示対象期間

四半期会計期間および期首からの累計期間における四半期損益計算書を開示しなければならない。つまり，四半期（連結）損益計算書の作成期間は，「その四半期」と「年度の期首からの累計期間」である。

第１四半期　期間３ヵ月の損益計算書
第２四半期　期間３ヵ月の損益計算書
　　　　　　期間６ヵ月の損益計算書
第３四半期　期間３ヵ月の損益計算書
　　　　　　期間９ヵ月の損益計算書
第４四半期　期間３ヵ月の損益計算書
　　　　　　期間12ヵ月の損益計算書（通常の損益計算書）

(3)　四半期キャッシュ・フロー計算書の開示対象期間

期首からの累計期間における四半期キャッシュ・フロー計算書を開示しなければならない。

つまり，四半期（連結）キャッシュ・フロー計算書の作成期間は，「年度の期首からの累計期間」である。

第１四半期　期間３ヵ月のキャッシュ・フロー計算書

第２四半期　期間６ヵ月のキャッシュ・フロー計算書

第３四半期　期間９ヵ月のキャッシュ・フロー計算書

第４四半期　期間12ヵ月のキャッシュ・フロー計算書

コーヒー・ブレイク　決算と配当回数

昭和49年までは，半年決算（６ヵ月決算）が多かった。試験問題も半年決算の貸借対照表・損益計算書作成問題であった。

半年決算が多かった理由は，決算をしなければ配当ができないので，年２回配当するためには，年２回の決算が必要であったからである。そんな時代の計算道具は「そろばん」であった。

昭和49年といえばオイル・ショック。トイレットペーパー不足などで有名な年であるが，会計の元祖ビッグバンの年でもある。損益計算書の作成方法が当期業績主義（現在の経常利益を当期純利益として作成）から包括主義（現在の損益計算書の原型）へ変更され，年１回の決算でも配当が２回できる中間配当制度が誕生した年である。「そろばん」で実施する決算の負担が軽減されたのである。

いまや，電卓，スマートフォン，パソコン，会計ソフト…，決算も何でもあり，である。上場企業では，四半期財務諸表の作成が義務付けされる時代なのである。

理解度check⑮　解答はP.99・100

問　四半期（連結）財務諸表の種類を３つ挙げなさい。

理解度check⑭解答　親会社　子会社　関連会社

16 企業会計基準第13号 リース取引に関する会計基準

設定主体　企業会計基準委員会（当時は企業会計審議会）
設定時期　平成５年６月
最終改正　平成19年３月
適用時期　平成20年４月１日以後開始する事業年度

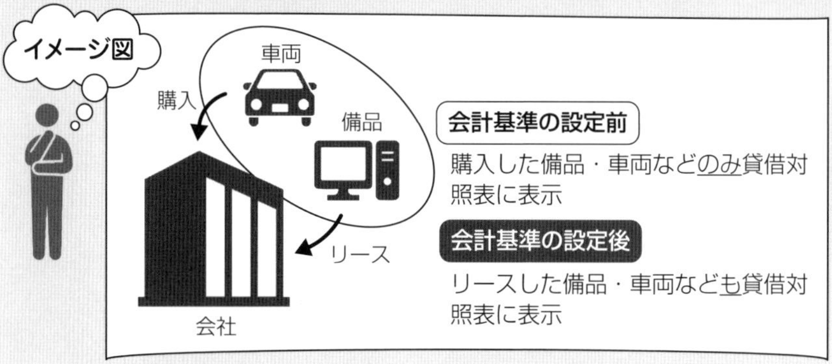
イメージ図
車両
購入
備品
リース
会社
会計基準の設定前
購入した備品・車両などのみ貸借対照表に表示
会計基準の設定後
リースした備品・車両なども貸借対照表に表示

1　概　要

リース取引の会計処理は，平成５年に設定された「リースと取引に係る会計基準」（いわゆる「新」会計基準ではない。以下「リース会計基準」という）に準拠して行われていた。当時の会計基準の一文が参考となる。以下に引用しておこう。

「我が国の現行の企業会計実務においては，リース取引は，その取引契約に係る法的形式に従って，賃貸借取引として処理されている。しかしながら，リース取引の中には，その経済的実態が，当該物件を売買した場合と同様の状態にあると認められるものがかなり増加してきている。かかるリース取引について，これを賃貸借取引として処理することは，その取引実態を財務諸表に的確に反映するものとはいいがたく，このため，リース取引に関する会計処理及び開示方法を総合的に見直し，公正妥当な会計基準を設定することが，広く各方面から求められてきている。」

リース資産の賃貸借取引としての処理は，支払リース料のみが損益計算書に計上され，貸借対照表にリース資産が計上されない。平成19年のリース会計基準の改正では，リース契約上，一定の要件を満たすものは，リース資産を貸借対照表に記載することを義務付けた。

> コーヒー・ブレイク **リース資産の種類**
>
> 平成５年といえばパソコン（身近なコンピュータ）の登場である。初期のパソコンは不具合が多く，取得するよりも，早急に修理，サポートをしてくれるリースが選択されるのが必然であった。そのような資産には，コピー機，自動車などがある。平成５年にリース取引会計基準が設定されたのも必然といえる。

2　意　義

リース取引とは，特定の物件の所有者たる**貸手（レッサー）**が，当該物件の**借手（レッシー）**に対し，合意された期間（以下「**リース期間**」という）にわたり，これを使用収益する権利を与え，借手は，合意された使用料（以下「**リース料**」という）を貸手に支払う取引をいう。

リース取引は，いわゆるレンタルとは異なるため，リース物件を固定資産計上し，将来の支払義務をリース債務（未払金の性格）として負債計上することをより厳格にし，財務諸表利用者に正確な情報を提供するものである。

3　会計処理と表示

リース取引の中には，その経済的実態が，当該物件を売買した場合と同様の状態にあると認められるものがある。かかるリース取引の実態を財務諸表に的確に反映するための会計処理である。

もっと詳しく **リース取引に関する借手側と貸手側の会計処理**

分類	処理方法
所有権移転ファイナンス・リース取引	売買処理
所有権移転外ファイナンス・リース取引	売買処理
オペレーティング・リース取引	賃貸借処理

ファイナンス・リース取引とは，リース契約に基づくリース期間の中途において，当該契約を解除することができないリース取引（**ノン・キャンセラブル**）またはこれに準ずるリース取引で，借手が，当該契約に基づき使用する物件からもたらされる経済的利益を実質的に享受することができ，かつ当該リース物件の使用に伴って生じるコストを実質的に負担する（**フル・ペイアウト**）ことになる取引をいう。

オペレーティング・リース取引は，ファイナンス・リース取引以外のリース取引をいう。

4　リース資産の売買処理における取得原価の決定方法

リース取引の種類	処理方法
所有権移転ファイナンス・リース取引	貸手の購入価額が明らか　→貸手の購入価額 貸手の購入価額が不明　→①と②のうち小さい金額 　①　リース料総額の割引現在価値 　②　見積現金購入価額
所有権移転外ファイナンス・リース取引	貸手の購入価額が明らか　→①と②のうち小さい金額 　①　貸手の購入価額 　②　リース料総額の割引現在価値 貸手の購入価額が不明　→①と②のうち小さい金額 　①　リース料総額の割引現在価値 　②　見積現金購入価額

5　リース資産の減価償却費

(1)　リース資産の所有権が移転しない条件

リース期間を耐用年数とし，残存価額をゼロとして減価償却計算を行う。

(2)　リース資産の所有権が移転する条件

リース期間に関係なく経済的耐用年数（通常は税法上の耐用年数）を耐用年数とし，通常の減価償却計算を行う。

借手の計算・仕訳例（単位省略）

リース契約条件

① リース物件の貸手側購入価額　4,200
　リース物件の割引現在価値＝見積現金購入価額＝貸手側購入価額と仮定

② リース期間　５年（経済的耐用年数６年）

③ リース料　毎年末に総額5,000のうち１年分1,000を支払う。

　当社の決算日は３月31日，利子率年７％，減価償却方法は定額法（残存価額ゼロ）による。利息の計算において千円未満の端数が生じた場合は四捨五入をする。

リース契約締結時の仕訳

（借）	リース資産	4,200	（貸）	リース債務	4,200

割賦購入した場合に準じて会計処理される。貸方のリース債務は，購入した場合の「未払金」に相当する。

１年目のリース料支払時の仕訳

（借）	支払利息	294	（貸）	現金預金	1,000
	リース債務	706			

リース債務は，リース期間中に分割で支払うため，支払時に「支払利

理解度check⑮解答
四半期（連結）貸借対照表　四半期（連結）損益および包括利益計算書➡

息」を追加計上する。

リース債務返済スケジュール表

返済日	期首元本	返済額	利息分	元本分
1年目	4,200	1,000	294*1	706*2
2年目	3,494*3	1,000	245*4	755*5
	:	:	:	:
合　計	—	5,000	800	4,200

＊1　4,200×７％＝294　　＊2　1,000－294＝706
＊3　4,200－706＝3,494　　＊4　3,494×７％≒245（四捨五入）
＊5　1,000－245＝755

所有権移転リース取引の減価償却費　4,200÷６年＝700

（借）	減価償却費	700	（貸）	減価償却累計額	700

所有権移転外リース取引とした場合の減価償却費　4,200÷５年＝840

（借）	減価償却費	840	（貸）	減価償却累計額	840

理解度check⑯　解答はP.103

問1　リース取引の種類を２つ挙げなさい。

問2　ファイナンス・リース取引の種類を２つ挙げなさい。

メモ　企業会計基準第14号は「退職給付に係る会計基準」の一部改正のため省略

17 企業会計基準第15号 工事契約に関する会計基準

設定主体　企業会計基準委員会

設定時期　平成19年12月

適用時期　平成21年4月1日以後開始する事業年度

※2021年4月以降廃止

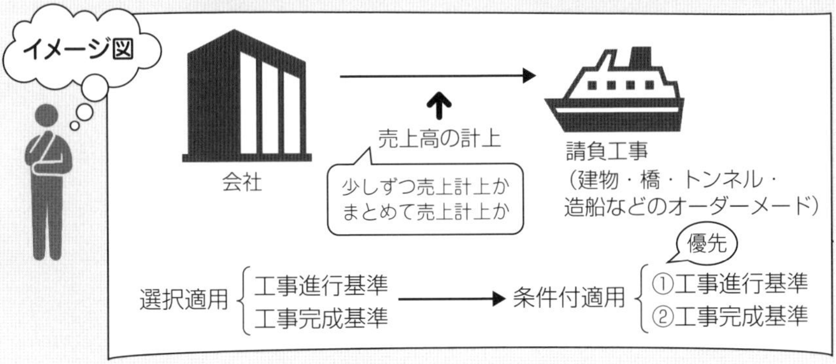

1　概　要

「工事契約」とは，仕事の完成に対して対価が支払われる請負契約のうち，土木，建築，造船や一定の機械装置の製造など，基本的な仕様や作業内容を顧客の指図に基づいて行うものをいう。

この工事契約から工事物件の完成引渡しまでが長期間かかる工事収益（完成工事高＝売上高）が損益計算書に記載されないなどの問題点を整理したものである。

なお，収益認識会計基準（P.141）の適用により，廃止される。

2　意　義

これまで我が国では，**長期請負工事**に関する収益の計上については，工

事進行基準または**工事完成基準**のいずれかを選択適用することができた（企業会計原則注解【注7】)。このため，同じような請負工事契約であっても，企業の選択により異なる収益等の認識基準が適用される結果，財務諸表間の比較可能性が損なわれる場合があるとの指摘がなされていた。

工事に必要な①**工事収益総額**，②**工事原価総額**，③決算日における**工事進捗度**が見積もれる場合は工事進行基準とし，見積もれない場合は工事完成基準とするように整理した。

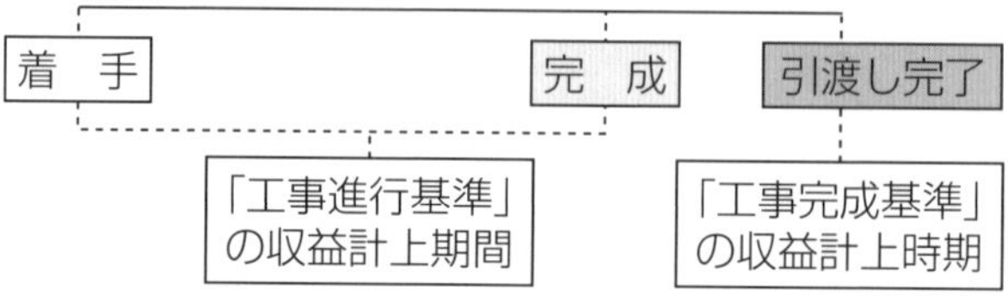

サキドリ　建設業会計で使用される科目

工事契約会計基準で規定する業種は，いわゆる製品のオーダーメードであり，製造業の計算は個別原価計算である。

工事契約会計基準が想定する製造業は，建設業だけとは限らないが，試験で出題されるものは建設業または建設業を兼業しているような場合である。また，建設業は，製造業の一業種であるため費目別計算から完成に至るまでの記帳手続は製造業（個別原価計算）と同様である。しかし，勘定科目と財務諸表表示科目は，下表のように固有のものが使用される。

財務諸表	通常の製造業	建設業
損益計算書	売上高	完成工事高
	売上原価	完成工事原価
	売上総利益	完成工事総利益
貸借対照表	売掛金	完成工事未収入金
	仕掛品	未成工事支出金
	買掛金	工事未払金
	前受金	未成工事受入金

未成工事支出金は，工事完成基準を採用した時のみ生じる。工事進行基準を採用している場合，発生原価は必ず売上原価に計上されるため，未成工事支出金勘定は生じない。

3　会計処理と表示

建設業の計算例

〔資料〕

1　請負価格　5,000

2　見積総工事原価　4,000

3　当期工事原価実際発生額　1,200

工事進行基準の場合

	損益計算書
完成工事高	1,500
完成工事原価	1,200
完成工事総利益	300

工事進捗度（原価比例法）$\dfrac{1{,}200（当期実際工事原価）}{4{,}000（見積総工事原価）}=0.3（30\%）$

完成工事高　5,000×30％＝1,500

建設業会計は，会社法，建設業法などの関連法令および各種の会計基準などに準拠して実施される。

理解度check⑰　解答はP.106

問　工事契約に基づく収益認識基準を2つ挙げなさい。

理解度check⑯解答

問1　ファイナンス・リース取引　オペレーティング・リース取引

問2　所有権移転ファイナンス・リース取引　所有権移転外ファイナンス・リース取引

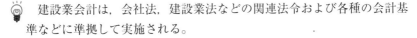

18 企業会計基準第16号 持分法に関する会計基準

設定主体　企業会計基準委員会
設定時期　平成20年3月
改　　正　平成20年12月
適用時期　平成22年4月1日以後開始する事業年度

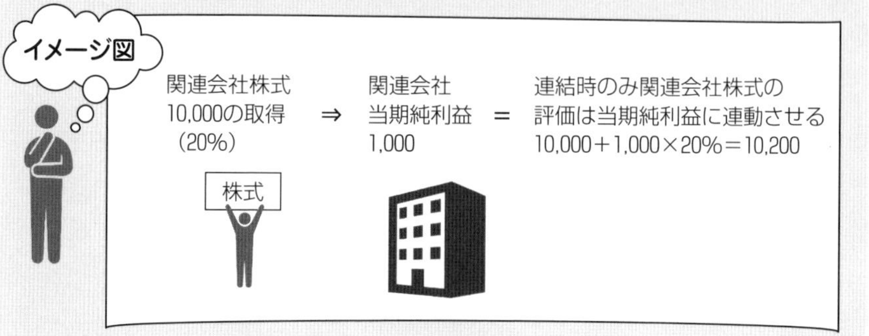

1　概　要

持分法とは，**関連会社株式**の評価額を株式発行会社における資本・損益の持分の変動に応じて修正する会計処理をいう。持分法は，後述する連結財務諸表の作成をした場合と同じ効果，すなわち連結財務諸表を作成した場合の利益と同額の利益を簡便に計算できるように工夫した方法である。

関連会社とは，企業（当該企業が子会社を有する場合には，当該子会社を含む）が，出資，人事，資金，技術，取引などの関係を通じて，子会社以外の他の企業の財務および営業または事業の方針の決定に対して，重要な影響を与えることができる場合（影響力基準）における当該子会社以外の他の企業をいう。

関連会社とは，従来の持株基準では総発行済普通株式数の20%から50%まで取得した会社をいう。

2 意 義

子会社株式を保有している場合は，子会社を含めた連結財務諸表（連結財務諸表会計基準参照）を作成し，企業集団の財政状態（資産，負債および純資産の状況）を連結貸借対照表により，経営成績を連結損益計算書により公表する。

関連会社株式を保有している場合は，連結財務諸表を作成した場合と同じ効果を，簡便な会計処理により公表することにその意義がある。

3 会計処理

計算例

投資会社は，投資の日以降における被投資会社の利益または損失のうち，投資会社の持分または負担に見合う額を算定して，投資の額を増額または減額し，当該増減額を当期純利益の計算に含める。

〔資料〕

(1) 関係会社株式の取得時

関連会社株式3,000（A社発行済株式の30％を取得）

（借）	関係会社株式	3,000	（貸）	現金預金	3,000

関連会社株式は「関係会社株式」の表示科目を使用する。

(2) 1年経過後のA社（株式発行会社）の財務諸表

貸借対照表

諸資産	20,000	諸負債	10,000
		純資産	10,000

損益計算書

⋮	
当期純利益	1,000

(3) 当社（関連会社株式の取得企業）の財務諸表

貸借対照表

諸　資　産	70,000	諸　負　債	43,000
関係会社株式	3,000	純　資　産	30,000

損益計算書

⋮	
当期純利益	2,000

(4) 持分法による関係会社株式の評価

（借）	関係会社株式	300	（貸）	持分法による投資利益	300

当期純利益1,000のうち当社持分　1,000×30％＝300

関係会社株式の評価額　3,000＋300＝3,300

> プラスα　**持分法適用後の当期純利益**
>
> 連結子会社がなく，連結財務諸表を作成しなければ，持分法による関係会社株式の評価額は注記事項となる。仮に持分法を適用した場合，当社の貸借対照表の関係会社株式は3,300となる。
>
> 損益計算書の当期純利益は，当社持分が「持分法による投資利益300」（営業外収益）として当期純利益2,000に加算され2,300と計算される。

理解度check⑱　解答はP.108

問　関連会社株式1,000（発行済株式の20%）を取得し，当該関連会社の１年後の決算で当期純利益100が計上された。

持分法を適用した場合の関連会社株式の評価額はいくらか。

理解度check⑰解答　工事進行基準　工事完成基準

19 企業会計基準第17号 セグメント情報等の開示に関する会計基準

設定主体　企業会計基準委員会（当時は企業会計審議会）

設定時期　昭和63年５月

改　　正　平成20年３月　平成21年３月

最終改正　平成22年６月

適用時期　平成22年４月１日以後開始する事業年度

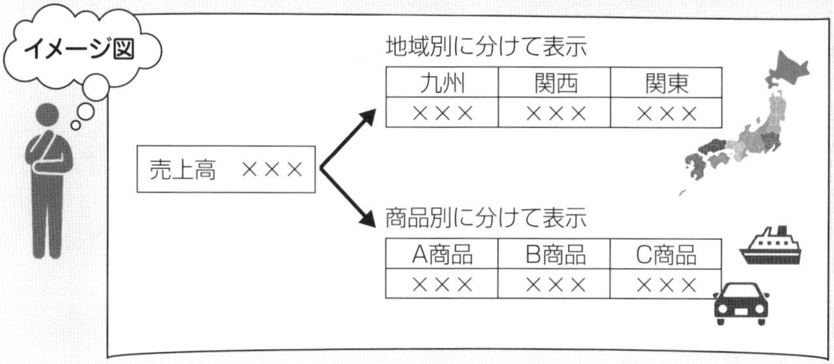

1　概　要

セグメントとは，全体に対する部分を意味する。

財務諸表におけるセグメント情報とは，売上高，売上総損益，営業損益，その他の財務情報を事業の種類別，親会社および子会社の所在地別などの区分単位に分別したものをいう。

セグメント情報は，連結集団に関する財務情報として親会社が作成し開示する。なお，連結財務諸表でセグメント情報等の開示を行っている場合は，個別財務諸表での開示を要しない。

2 意 義

セグメント情報等の開示は，財務諸表利用者が，企業の過去の業績を理解し，将来のキャッシュ・フローの予測を適切に評価できるように，企業が行うさまざまな事業活動の内容およびこれを行う経営環境に関して適切な情報を提供するものでなければならない。

企業集団（連結のグループ企業）では，多様な業種が地域ごとに存在するため，財務諸表利用者にとってセグメント情報は大変に有用性の高いものである。

補 足 **セグメント別損益計算書**

	A事業部	B事業部	C事業部	合 計
売 上 高	1,000	2,000	3,000	6,000
売上原価	700	1,600	2,100	4,400
販 管 費	200	150	650	1,000
営業利益	100	250	250	600

品目別売上高情報の例（デパート〔大規模小売〕）

品目別売上高	
衣 料 品	3,000
身 廻 品	1,000
雑 貨	800
家庭用品	400
食 料 品	500
そ の 他	300
合 計	6,000

理解度check⑲ 解答はP.111

問 企業の売上高，売上総損益，営業損益，その他の財務情報を事業の種類別，親会社および子会社の所在地別などの区分単位に分別した情報を何とよぶか。

理解度check⑱解答 1,020（1,000＋100×20%）

20 企業会計基準第18号 資産除去債務に関する会計基準

設定主体　企業会計基準委員会
設定時期　平成20年３月
適用時期　平成22年４月１日以後開始する事業年度

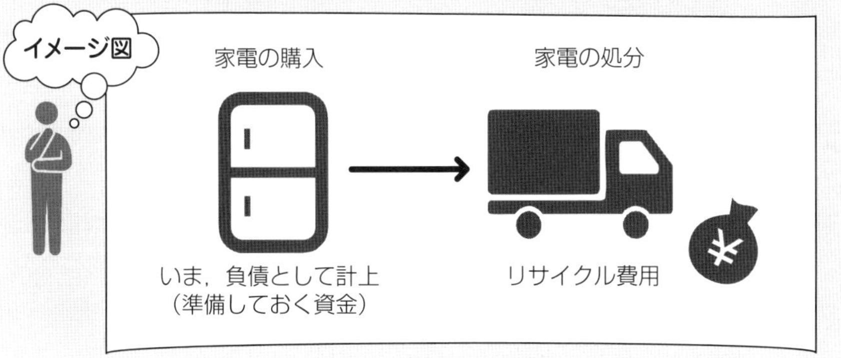

1　概　要

この会計基準では，**資産除去債務**を次のように定義している。

「資産除去債務とは，有形固定資産の取得，建設，開発又は通常の使用によって生じ，当該有形固定資産の除去に関して法令又は契約で要求される法律上の義務及びそれに準ずるものをいう。」

われわれの日常生活においても自動車，冷蔵庫，テレビなど除去費用はそれなりに生ずる。企業が，これらの将来の除去による支出額を貸借対照表に負債として計上したものが資産除去債務である。

2　意　義

我が国においては，国際的な会計基準で見られるような，資産除去債務を負債として計上する会計処理は行われていなかった。このような有形固定資産の除去に関する将来の負担（支出額）を財務諸表に反映させることは投資情報として役立つものである。

> **知っ得★　電力業界の原子力発電施設の解体費用**
>
> 電力業界では，原子力発電施設の解体費用を解体引当金（発生の可能性が高く，金額を合理的に見積もれる将来の支出額）として何百億円という単位で計上していた。現在では，資産除去債務として計上している。

3　会計処理

〔資料〕

×1年4月1日に，使用後に除去する法的義務のある次の器具備品を取得した。

取得原価　9,000　　耐用年数　3年　　残存価額　ゼロ

資産の除去に要する支出額は3年後500と見積もられた。また，資産除去債務は取得時にのみ発生し，その計上に際しての割引率は4％である。

■器具備品の取得時の資産除去債務■

割引現在価値	1年後	2年後	3年後
444 ←	←	←	500
500÷1.04÷1.04÷1.04			

資産除去債務は，有形固定資産の除去に要する**割引前将来キャッシュ・フロー**（500）を見積もり，割引後の金額（割引価値）444で計上する。

器具備品の取得時の仕訳

（借）	器具備品	9,444	（貸）	現金預金	9,000
				資産除去債務	444

資産除去債務は，有形固定資産の除去に要する割引前将来キャッシュ・フローの割引後の金額を計上する。これを有形固定資産の帳簿価額に加える。この処理は，資産除去債務444を負債計上するとともに，器具備品に444を資産計上しているため「**資産負債の両建処理**」という。

資産除去債務に対応する除去費用は，減価償却を通じて，当該有形固定資産の残存耐用年数にわたり，各期に費用配分する。

1年後の決算日の仕訳

減価償却費の計上　9,444÷3年＝3,148

（借）	減価償却費	3,148	（貸）	減価償却累計額	3,148

時の経過による資産除去債務の調整～**利息費用**の計上　444×4％≒18

（借）	利息費用	18	（貸）	資産除去債務	18

時の経過による資産除去債務の調整は，3年後の資産除去債務が500になるように調整している。

理解度check⑳　解答はP.113

問　2年後に除去する法的義務のある次の有形固定資産を取得した場合の資産除去債務を計算しなさい。

2年後の除去費用は100であり，現在の割引率は5％である。端数は四捨五入する。

メモ　企業会計基準第19号は「退職給付に係る会計基準」の一部改正のため省略

理解度check⑲解答　セグメント情報

21 企業会計基準第20号 賃貸等不動産の時価等の開示に関する会計基準

設定主体　企業会計基準委員会

設定時期　平成20年11月

改　　正　平成23年３月

適用時期　平成23年４月１日以後開始する事業年度

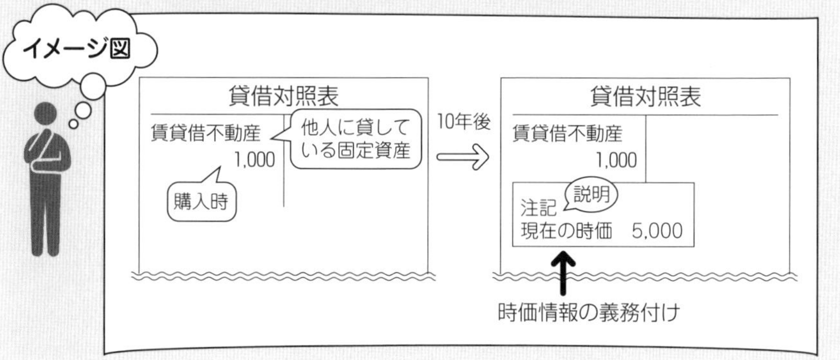

1　概　要

賃貸等不動産とは，棚卸資産に分類されている不動産（不動産会社が保有する土地，建物など）以外のものであって，賃貸収益またはキャピタル・ゲイン（資産価値上昇の利益）の獲得を目的として保有されている不動産をいう。賃貸等不動産は，貸借対照表上「投資その他の資産」の投資不動産などの表示科目で記載されている。

この会計基準は，賃貸等不動産の詳細について注記により開示を求めている。なお，連結財務諸表において賃貸等不動産の時価等の開示を行っている場合には，個別財務諸表での開示を要しない。

2 意 義

賃貸等不動産は，主たる収益（売上）を獲得するための固定資産ではないが，処分することに事業制約があることもあり，原価で評価する。しかしながら，金融商品はリスク開示の観点から，時価評価を基本としている。そのため，賃貸等不動産についても財務諸表利用者に対して有用な情報を提供する観点から，時価情報等の注記を行うこととした。

補 足 この会計基準で開示を求めている注記事項

① 賃貸等不動産の概要
② 賃貸等不動産の貸借対照表計上額および期中における主な変動
③ 賃貸等不動産の当期末における時価およびその算定方法
④ 賃貸等不動産に関する損益

注記例

連結貸借対照表

固 定 資 産		
投資その他の資産		
賃 貸 等 不 動 産	500	

賃貸等不動産の注記

前期末残高	当期増減額	当期末残高	当期末時価
400	100	500	700

理解度check㉑ 解答はP.119

問 賃貸等不動産は，企業にとって棚卸資産に該当するか。

理解度check⑳解答 91（100÷1.05÷1.05）

22 企業会計基準第21号 企業結合に関する会計基準

設定主体　企業会計基準委員会（当時は企業会計審議会）
設定時期　平成15年10月
最終改正　平成25年９月
適用時期　平成18年４月１日以後実施される企業結合から適用

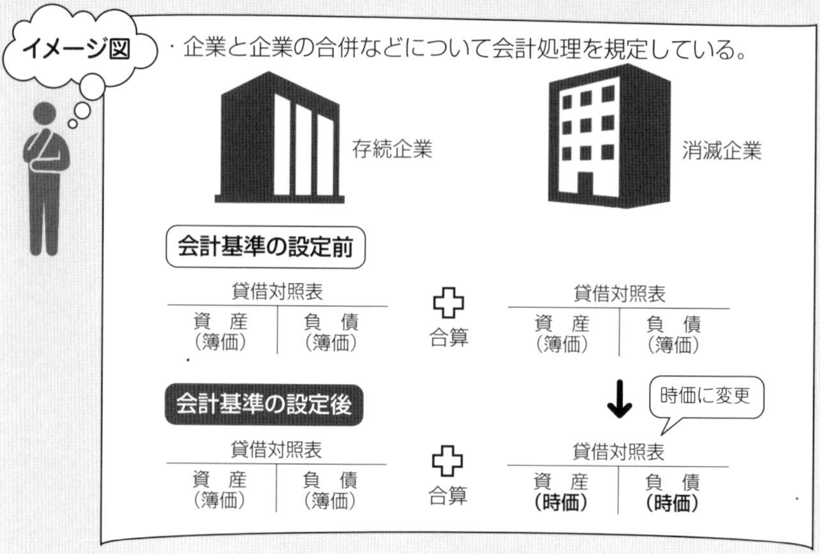

1　概　要

企業結合とは，ある企業と他の企業とが１つの報告単位に統合されることをいう。企業結合の組織再編の形態には，**合併，株式交換，株式移転，会社分割**（事業分離等会計基準参照）などがある。

この会計基準は，企業結合の組織再編に関する会計処理を規定したものである。

2 意 義

平成15年「企業結合に関する会計基準」は，平成９年「連結財務諸表原則」との整合性を持って設定された。一方，国際的な会計基準では，企業結合の経済的実態に応じて，いわゆる**パーチェス法**（被結合企業から受け入れる資産および負債の取得原価を，対価として交付する現金および株式等の**時価（公正価値）**とする方法）と**持分プーリング法**（すべての結合当事企業の資産，負債および資本を，それぞれの適切な**帳簿価額**で引き継ぐ方法）の両者を使い分ける取扱いから，持分プーリング法を廃止する取扱いに変更されるなど，我が国の取扱いとは異なる点が認められる。

平成20年12月に連結財務諸表会計基準の設定と同時に持分プーリング法を廃止する企業結合会計基準として改正された。

3 会計処理

組織再編の会計処理には，**合併，株式交換，株式移転，会社分割**がある。

合併・株式交換・株式移転の会計処理の前に，合併・株式交換・株式移転について比較してみよう。なお，会社分割については，事業分離等会計基準で規定されている。

合併は，一方の企業が存続し一方は消滅する。消滅する会社の建物などがなくなるわけではないが法的に社名が消える。

⇩

消滅する会社に歴史があり，また，社名が世間に知れ渡っているような場合は，合併は「もったいない」気がする。それなら，一方が親会社となり，一方が子会社となれば，歴史も社名も消えずに済むことになる。これが**株式交換**である。

⇩

しかし，どちらの会社も子会社になりたくないならどうすればよいだろう。そこで親会社を新設し，両社ともその子会社になればよい。これが**株式移転**である。

⑴　合併の会計処理

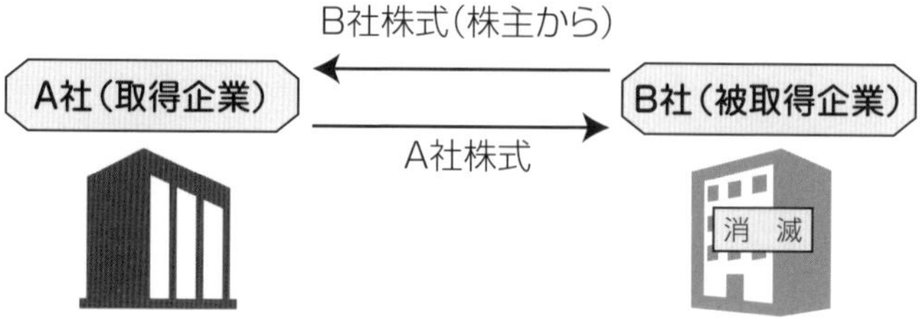

A社の会計処理

B社から取得した諸資産の時価　1,000
B社から取得した諸負債の時価　　700
B社の株主に発行したA社株式の時価　400

（借）	諸　資　産（時　価）	1,000	（貸）	諸　負　債（時　価）	700
	の　れ　ん	100		資　本　金（取得企業の株式時価）	400

B社の株主に株式（時価）を交付することで，B社の諸資産と諸負債を取得した。この場合の交付した株式（時価）は**取得原価**である。取得原価は，諸資産（A社にとって使用できる資産～**識別可能資産**）と諸負債（A社にとって支払義務を負う負債～**識別可能負債**）に配分し，残額を**のれん**とする。

合併によりB社は消滅する。合併によりA社は，引き継いだ資産・負債の名義変更など会計処理の表面に出ない煩雑な手続を要する。

なお，B社は消滅するものの有形固定資産などの有形物はそのまま使用されることとなる。また，B社は反対仕訳により帳簿を清算することとなる。

⑵　株式交換の会計処理

合併によれば，被取得企業は消滅する。企業結合は，経営合理化など生き残りのためには実施したいが，被取得企業の歴史が古く知名度が高い場合など，消滅するのは「忍びない」と考えるかもしれない。そんなときは株式交換が選択されるのかもしれない。

株式交換は，被取得企業の株式を取得企業へ移転させることで達成される。この結果，取得企業が親会社となるための仕訳が行われる。

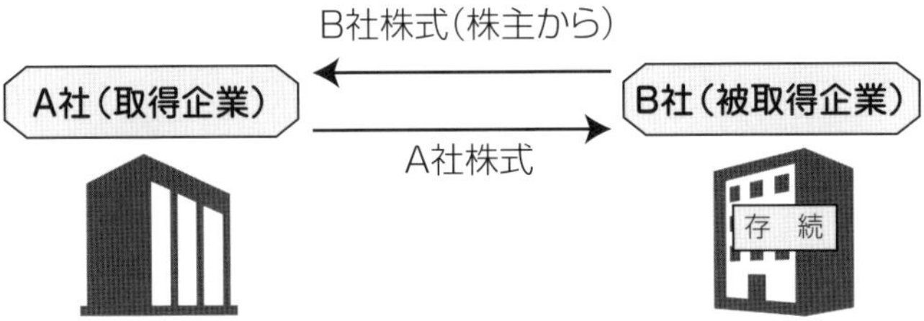

A社は**完全親会社**となる
(100%取得した親会社)

B社は**完全子会社**になる
(100%取得された子会社)

A社の会計処理

B社の株主に発行したA社株式の時価　400

(借)	関係会社株式 (Ｂ社株式)	400	(貸)	資本金 (A社株式時価)	400

B社の株主に発行したA社株式の時価400が，関係会社株式（B社株式～子会社株式）の評価額である。

株式交換と合併との差は，B社が消滅するかどうかである。B社は存続するのであるから，資産・負債の引継ぎはなく，合併のように資産・負債の名義変更を必要としない。

株式交換後は，B社はA社の子会社となるため，A社は決算日にB社を含めた企業集団としての連結財務諸表を作成することとなる。連結財務諸表の作成により，合併と同様の効果を簡潔な処理で得ることができる。

なお，B社（子会社）は，株主の名義がA社に変わるだけなので会計処理は要しない。

(3) 株式移転の会計処理

株式交換は，被取得企業が子会社となる。企業結合の当事者企業の規模・知名度・歴史などがほぼ同程度の場合は，どちらの企業も消滅（合併の場合）または子会社化（株式交換の場合）されるのを好まないかもしれない。その場合は，両企業の上位に**持株会社**（**ホールディング・カンパニー**という）を新設し，両社が対等に存続する株式移転が選択される。

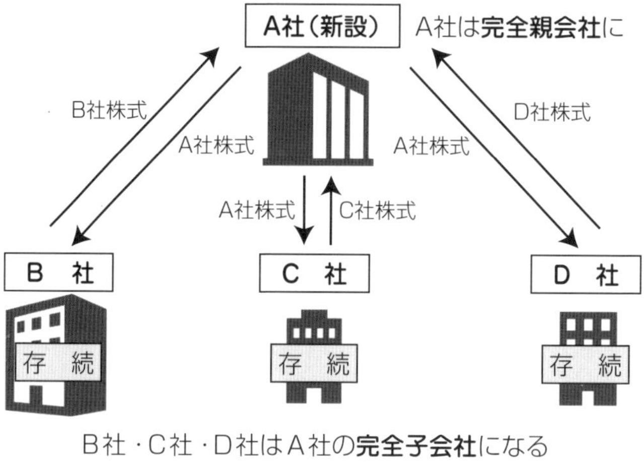

A社の会計処理（B社を取得企業とした場合）

B社の純資産（資産〔簿価〕−負債〔簿価〕） 1,000

（借）	関係会社株式（B社） （適正な帳簿価額）	1,000	（貸）	資　　本　　金	1,000

B社を取得企業（相対的に大きな会社）とした場合のA社（完全親会社）が受け入れたB社株式の取得原価は，株式移転日の前日のB社（株式移転完全子会社）の適正な帳簿価額による株主資本の額に基づいて算定する。

A社の会計処理（C社株式の受入仕訳　D社株式の受入も同じ）

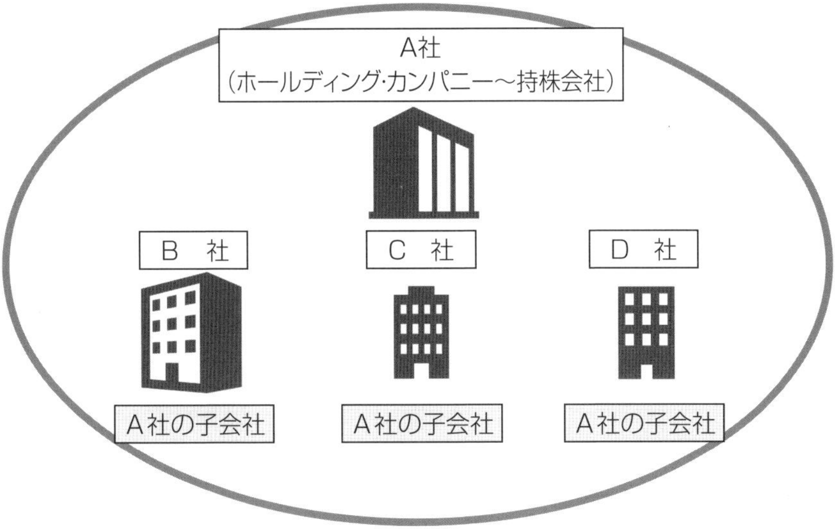

C社とD社の株主に発行したB社株式の時価　700

（借）	関係会社株式（C·D社） （B社の株式時価）	700	（貸）	資　本　金	700

C社の関係会社株式の評価額は，被取得企業の株主に交付したものとみなした取得企業の株式時価となる。A社（親会社）の決算日にA社は，B社（子会社）とC社を含め**企業集団**として**連結財務諸表**を作成する。

理解度check㉒　解答はP.124

問　企業結合の組織再編の方法を3つ挙げなさい。

理解度check㉑解答　販売目的ではないため該当しない。

23 企業会計基準第22号 連結財務諸表に関する会計基準

設定主体　企業会計基準委員会（当時は企業会計審議会）
設定時期　平成20年12月
改　　正　平成22年6月
最終改正　平成25年9月
適用時期　平成22年4月1日以後開始する連結会計年度の期首

イメージ図

・企業集団の財務諸表の作成方法を規定している。

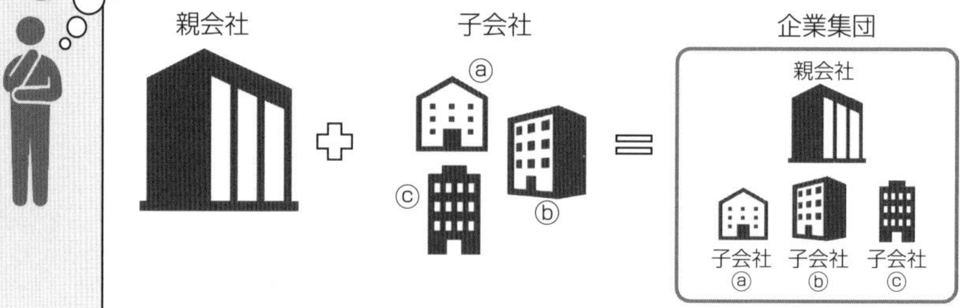

1　概　要

連結財務諸表は，支配従属関係（支配→親会社，従属→子会社）にある2つ以上の企業からなる集団（企業集団）を単一の組織体とみなして，親会社が当該企業集団の財政状態，経営成績およびキャッシュ・フローの状況を総合的に報告するために作成するものである。

なお，連結財務諸表作成の考え方には「**親会社説**」（制度会計）と「**経済的単一体説**」がある。

もっと詳しく　親会社説と経済的単一体説

連結財務諸表の作成については，親会社説と経済的単一体説の２つの考え方がある。

いずれの考え方においても，単一の指揮下にある企業集団全体の資産・負債と収益・費用を連結財務諸表に表示するという点では変わりはない。しかし，資本に関しては，親会社説は，連結財務諸表を親会社の財務諸表の延長線上に位置付けて，親会社の株主の持分のみを反映させる考え方であるのに対して，経済的単一体説は，連結財務諸表を親会社とは区別される企業集団全体の財務諸表と位置付けて，企業集団を構成するすべての連結会社の株主の持分を反映させる考え方であるという点で異なっている。

⇓

プラスα　親会社説における「非支配株主持分」の表示と経済的単一体説における「非支配株主持分」の表示

●親会社説の「純資産の部」

株主資本

その他の包括利益累計額

新株予約権

非支配株主持分

（非支配株主持分は株主資本に含めて表示しない。）

●経済的単一体説の「純資産の部」

株主資本

：

非支配株主持分

その他の包括利益累計額

新株予約権

（非支配株主持分は株主資本に含めて表示する。）

2　意　義

連結財務諸表制度は，昭和52年４月以後開始する事業年度から導入された。連結財務諸表は，企業集団の財政状態を連結貸借対照表で，経営成績を連結損益計算書により作成し，外部利害関係者に企業集団の状況を報告するものである。

連結財務諸表制度の導入前は，企業集団の頂点に立つ親会社の財務諸表のみが作成され報告されていた。そのような状況下においては，粉飾（回収のできない子会社への売上に基づく売掛金など，架空資産や未実現利益が計上されること）が容易に行える環境であった。

連結財務諸表の作成においては，親会社の売上高と仕入高，売掛金と買掛金は相殺して作成されるため粉飾は未然に防止できる効果がある。

作成する連結財務諸表の種類は，連結貸借対照表，連結損益計算書，連結キャッシュ・フロー計算書，連結株主資本等変動計算書，連結附属明細表である。

3　連結財務諸表における一般原則（４つ～企業会計原則の一般原則は７つ）

真実性の原則　連結財務諸表は，企業集団の財政状態，経営成績およびキャッシュ・フローの状況に関して真実な報告を提供するものでなければならない。

個別財務諸表基準性の原則　連結財務諸表は，企業集団に属する親会社および子会社が一般に公正妥当と認められる企業会計の基準に準拠して作成した個別財務諸表を基礎として作成しなければならない。

明瞭性の原則　連結財務諸表は，企業集団の状況に関する判断を誤らせないよう，利害関係者に対し必要な財務情報を明瞭に表示するものでなければならない。

継続性の原則　連結財務諸表作成のために採用した基準および手続は，毎期継続して適用し，みだりにこれを変更してはならない。

4 計算例

〔資料〕

① 関係会社株式の内訳

子会社株式 9,500（A社発行済株式の90%を取得）

② 当社の貸借対照表

貸借対照表

諸資産	70,000	諸負債	49,500
関係会社株式	9,500	資本金	30,000

③ 子会社の貸借対照表（諸資産・諸負債の簿価は時価と等しいと仮定）

本来，諸資産・諸負債は，企業結合に関する会計基準と同様に時価評価後に投資と資本の相殺をする。

貸借対照表

諸資産	20,000	諸負債	10,000
		資本金	10,000

親会社の投資と子会社の資本の相殺仕訳

（借）	資本金	10,000	（貸）	関係会社株式	9,500
	のれん	500		**非支配株主持分**	1,000

子会社の資本金（株式発行）10,000のうち，90%である株式を当社が取得し，10%はその他の外部株主が取得している。これを相殺する会計処理を「**投資と資本の相殺**」という。また，その他の外部株主持分は，必ず50%未満の取得になり「**非支配株主持分**」として処理する。

平成25年改正会計基準では，**少数株主持分**の名称が**非支配株主持分**に変更された。

連結貸借対照表

諸資産	90,000	諸負債	59,500
のれん	500	資本金	30,000
		非支配株主持分	1,000

理解度check㉓

解答はP.128

問　連結財務諸表の作成の考え方を2つ挙げなさい。

コーヒー・ブレイク　原則規定と容認規定について

国語辞典（広辞苑）で原則と容認を調べてみた。

原則　→　基本的な規則

容認　→　よいとみとめてゆるすこと

会計基準では，複数の会計処理が認められる場合がある。その場合は，必ず原則処理と容認処理などといわれる規定が存在する。原則処理とは，多くの企業に「本来はこうすべきである」と要請する会計処理である。しかし，企業の業種は多種多様である。したがって，会計基準では，各企業の業種的な事情に配慮して原則処理のほかに他の会計処理を規定している。このような会計処理を容認処理という。しかし，長期間を通して考えると，原則処理で計算された利益も容認処理で計算された利益も同額であるから心配はない。

試験問題では，複数の会計処理があるときは必ず指示される。指示を読み取れる知識を身につけることが会計基準を学習する目的でもある。

メモ　企業会計基準第23号は「研究開発費等に係る会計基準」の一部改正のため省略

24 企業会計基準第24号 会計方針の開示，会計上の変更及び誤謬の訂正に関する会計基準

設定主体　企業会計基準委員会

設定時期　平成21年12月

適用時期　平成23年４月１日以後開始する事業年度の期首以後に行われる会計上の変更および過去の誤謬の訂正から適用

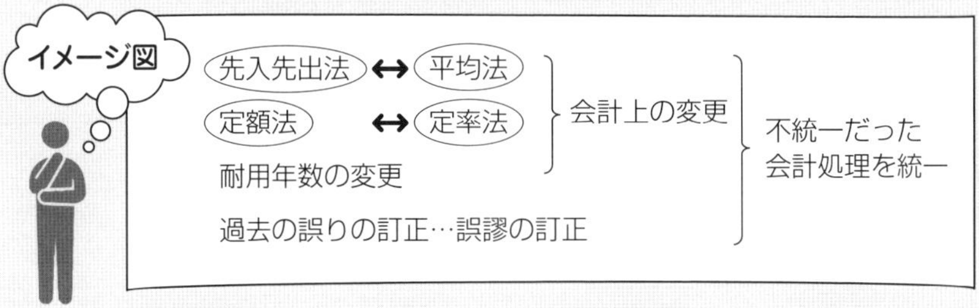

1　概　要

「**会計上の変更**」とは，会計方針の変更，表示方法の変更および会計上の見積りの変更をいう。たとえば，減価償却方法を定率法から定額法へ変更する場合，減価償却の耐用年数を７年から５年に変更する場合などが該当する。

「**誤謬**」とは，原因となる行為が意図的であるか否かにかかわらず，財務諸表作成時に入手可能な情報を使用しなかったことによる，またはこれを誤用したことによる誤りをいう。たとえば，単純な過去の会計処理の誤りや，本来減価償却を７年で行うべき固定資産について８年ないしは６年など誤った耐用年数で減価償却計算していた場合などが該当する。

2 意 義

会計上の変更は，**遡及処理**（過去に遡って修正）を行い損益への影響額は繰越利益剰余金を増減させる。見積りの変更は，当期または将来にわたり変更の効果を財務諸表に示す。誤謬の訂正は，遡及処理を行い従来の企業会計原則注解【注12】の会計処理から国際的な会計基準の会計処理へ整合させた。

補 足 企業会計原則注解【注12】特別損益について

企業会計原則注解【注12】では，誤謬の訂正（過去の修正）に関する数値は，損益計算書の特別利益または特別損失に計上する。これをキャッチ・アップ・アプローチという。この会計処理は，変更訂正会計基準により変更されたのである。

3 会計上の変更

⑴ 会計方針の変更

→ 遡及処理（**レトロスペクティブ・アプローチ**ともいう）

遡及処理とは，新たな会計方針を過去の財務諸表に遡って適用していたかのように会計処理することをいう。

ただし，有形固定資産の減価償却方法は，その変更については会計方針の変更を会計上の見積りの変更と区別することが困難であるため，会計上の見積りの変更と同様に「当該変更の影響は当期以降で吸収する方法（**プロスペクティブ・アプローチ**ともいう）」を採用し，遡及処理は行わない。

⑵ 表示方法の変更

→ 遡及処理

金融商品取引法に基づく財務諸表は，当期を含め２年分，会社法（会社計算規則）に基づく計算書類は当期分が変更される。

(3)　会計上の見積りの変更

当該変更が変更期間のみに影響する場合には，当該変更期間に会計処理を行い，当該変更が将来の期間にも影響する場合には，将来にわたり会計処理を行う（プロスペクティブ・アプローチ）。

4　過去の誤謬の訂正

→　遡及処理

5　計算例

(1)　会計上の見積りの変更例～耐用年数の変更

×１年期首に取得　備品の取得原価　6,000
定額法　残存価額　ゼロ　耐用年数　５年
当期末（×２年末）に耐用年数を３年に変更した（当初の耐用年数５年が合理的なものといえる場合）。

前期の減価償却費　6,000÷５年＝1,200
当期の減価償却費　（6,000－1,200）÷２年＝ 2,400
遡及処理を行わず，当期から耐用年数３年（残り２年）で減価償却計算を行う。

(2)　過去の誤謬の訂正～耐用年数の変更

×１年期首に取得　備品の取得原価　6,000
定額法　残存価額　ゼロ　耐用年数　５年
当期末（×２年末）に耐用年数を３年に変更した（当初の耐用年数５年が合理的なものとはいえない場合）。

前期の減価償却費
耐用年数５年の場合　6,000÷５年＝1,200

耐用年数３年の場合　6,000÷３年＝2,000　差額800

（借）繰越利益剰余金	800	（貸）減価償却累計額	800

当期の減価償却費　(6,000－2,000）÷２年＝2,000

プラスα **株主資本等変動計算書の表示**

	繰越利益剰余金
当期首残高	×××
過去の誤謬の訂正による累積的影響額	△　800
遡及処理後当期首残高	×××

過去の当期純利益（繰越利益剰余金）を修正する。

理解度check㉔

解答はP.130

問　会計方針の変更，表示方法の変更および会計上の見積りの変更をあわせて何というか。

25 企業会計基準第25号 包括利益の表示に関する会計基準

設定主体　企業会計基準委員会
設定時期　平成22年６月
最終改正　平成25年９月
適用時期　平成23年３月31日以後終了する連結会計年度の年度末に係る連結財務諸表から適用

本会計基準は，当面の間，個別財務諸表には適用しない。

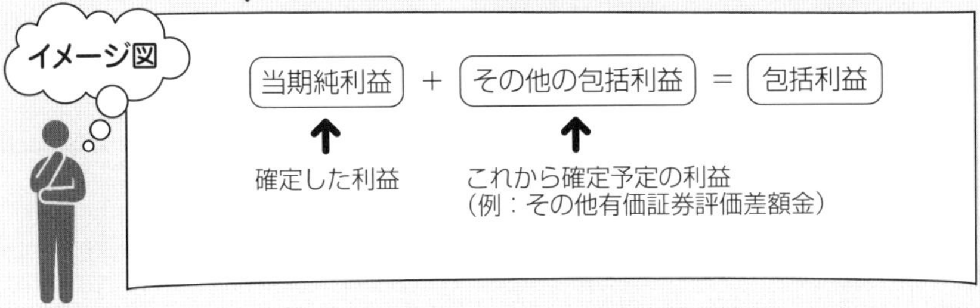

1　概　要

この会計基準は，（連結）損益計算書の当期純利益にその他有価証券評価差額金などの前期と当期の差額を加減した包括利益を表示することを規定した。

2　意　義

国際財務報告基準（IFRS）および米国会計基準において，包括利益の表示の定めが平成９年に設けられて以降，包括利益が表示されている。我が国においても包括利益を表示して提供する情報は，投資家などの財務諸表利用者が企業全体の事業活動を検討するのに役立つことが期待される。

3　包括利益を示す計算書

包括利益は，「当期純利益＋その他の包括利益」である。包括利益を示す計算書として，「損益及び包括利益計算書」（**1計算書方式**）を作成すると以下のように作成できる。

損益及び包括利益計算書

：	：
当　期　純　利　益	×××
その他の包括利益	
その他有価証券評価差額金	×××
その他の包括利益合計	×××
包　括　利　益	×××

損益計算書（当期純利益を示す）と包括利益計算書（当期純利益から包括利益までを示す）の**2計算書方式**で作成する方法もある。

4　包括利益と当期純利益の相違

① **包括利益**＝期末純資産合計－期首純資産合計

包括利益計算書の包括利益と，貸借対照表の期末純資産・期首純資産の差額が一致することを「クリーン・サープラス関係」という。

② **当期純利益**＝期末株主資本合計－期首株主資本合計

損益計算書の当期純利益と，貸借対照表の期末株主資本・期首株主資本の差額が一致することも「クリーン・サープラス関係」という。

理解度check㉕　解答はP.135

問　包括利益を損益計算書の当期純利益と包括利益計算書の包括利益に区別して表示する方式を何というか。

26 企業会計基準第26号 退職給付に関する会計基準

- 設定主体　企業会計基準委員会（当時は企業会計審議会）
- 設定時期　平成10年6月
- 最終改正　平成28年12月
- 適用時期　平成13年4月1日以後開始する事業年度の年度末に係る財務諸表から適用

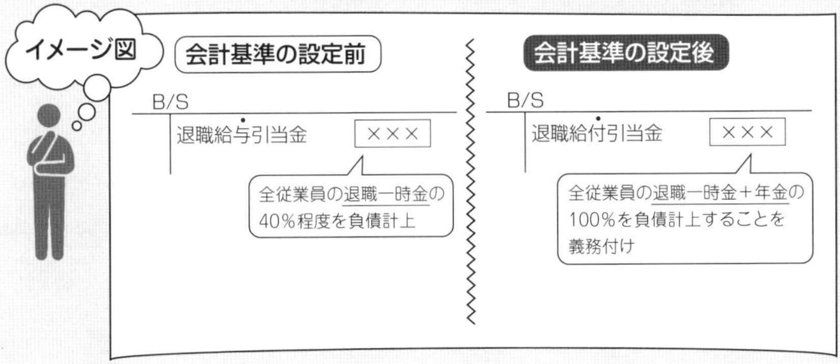

1　概　要

退職給付会計の**退職給付引当金**とは，一定の期間にわたり労働を提供したことなどの事由に基づいて，退職以後に従業員に支給される給付である退職一時金および退職年金等（退職給付という）のうち認識時点までに発生していると認められるもの（割引計算によるがこれを退職給付債務という）から，年金資産（企業年金制度に基づき退職給付に充てるため積み立てられている資産をいう）の額を控除した額を**退職給付に係る負債**として計上したものをいう。

2　意　義

平成10年6月に「退職給付に係る会計基準」（当時）が設定される以前

は次の問題点が指摘されていた。

① 不況や低金利の影響により，退職給付のための外部積立資産の運用利回りが低下し，当初の予測よりも少ない収益しか得られていない。

② 不況による株価の低迷により，多額の含み損を抱えている企業もあり，年金資産の価値が実質的には低いものとなり，同じく積立不足という状況に陥っている。

③ 退職給与引当金（当時の名称）の設定額は，従来から税法規定により自己都合退職による期末退職給与要支給額の40％を設定している。自己都合退職を前提にしていること，および40％相当を計上していることから実際の退職金支給時に，必要な引当てが行われているか否かに疑問が残る。

これらの問題点を解消するために導入されたのが退職給付会計である。また，年金資産の積立不足により財政状態を悪化させるおそれがあること，企業年金に係る情報が投資および企業経営の観点からも重要性が高まってきていることや会計基準の国際的動向という観点からも当該退職給付会計が必要とされ，「退職給付に係る会計基準」を設定し，制度化に至った。

3　会計処理

退職給付引当金は，退職給付債務から年金資産を控除した金額とする。年金資産は預金，株式などにより運用されている。

(1) 退職給付債務の計算

手順１　退職給付見込額の計算
今年入社したＡさんが３年後に退職するものと仮定する。この場合，Ａさんの退職時に支給する退職金は90万円（＝退職給付見込額）であるとする。
手順２　退職給付見込額のうち期末までに発生しているものと認められる額の計算
90万円÷３年＝30万円
手順３　退職給付債務の計算（１年目，かつ割引率は10%とする）
30万円÷1.1÷1.1÷1.1＝22万円（万円未満端数切捨）
１年当たりに発生している債務は30万円であるが，実際には今30万円を確保しておかなければならないというわけではない。たとえば金利10%の定期預金に預けるとすると，約22万円（＝30万円÷1.1÷1.1÷1.1）を確保していれば足りることになる。

現実の計算は，入社時期の異なる全従業員について計算しなければならない。さらに，退職一時金は，死亡退職，定年退職などで支払額が相違するため確率計算を必要とする場合がある。

(2) 年金資産の計算

年金資産とは，企業年金制度に基づき退職給付に充てるため積み立てられている資産（預金・株式など）をいう。

(3) 勤務費用の計算

勤務費用とは，１期間の労働の対価として発生したと認められる退職給付をいい，割引計算により測定される。

(4) 退職給付費用の計算

当期に発生した退職給付費用は，次のように計算される。

退職給付費用＝勤務費用＋利息費用－期待運用収益

補 足 **退職給付費用の計算例**

〔資料〕

1　前期末における退職給付債務は800,000，退職給付引当金は500,000である。

2　当期に発生した勤務費用は割引計算の結果55,000と計算された。

3　割引率は年２％である。

4　年金資産の期首評価額は300,000であり，期待運用収益率は１％である。

勤務費用　55,000

利息費用　800,000×２％＝16,000

退職給付債務は割引計算されたものなので１年後に戻す。

年金資産の期待運用収益　300,000×１％＝3,000

年金資産が生み出す利息・配当金など

退職給付費用

55,000（勤務費用）＋16,000（利息費用）－3,000（期待運用収益）＝68,000

（借）退職給付費用	68,000	（貸）退職給付引当金	68,000

4　過去勤務費用

過去勤務費用とは，退職給付水準の改訂などに起因して発生した退職給付債務の増加または減少部分をいう。なお，このうち当期純利益を構成する項目として費用処理されていないものを未認識過去勤務費用という。

過去勤務費用は，原則として各期の発生額について，平均残存勤務期間以内の一定の年数で按分した額を当期から毎期費用処理する。

5　期末の会計処理（数理計算上の差異が生じる場合）

数理計算上の差異とは，年金資産の期待運用収益と実際の運用成果との差異，退職給付債務の数理計算に用いた見積数値と実績との差異および見積数値の変更などにより発生した差異をいう。なお，このうち費用処理されていないものを未認識数理計算上の差異という。

数理計算上の差異は，当期または翌期から，原則として平均残存勤務期間内の定額法により処理する。

もっと詳しく **個別貸借対照表の「退職給付引当金」と連結貸借対照表の「退職給付に係る負債」の相違**

計算例

退職給付債務　1,000　　年金資産　600
未認識数理計算上の差異　10（不利）
未認識過去勤務費用　20（不利）

貸借対照表

	固　定　負　債
	退職給付引当金　　370

1,000－600－10－20＝370

連結貸借対照表

	固　定　負　債
	退職給付に係る負債　　400

1,000－600＝400

未認識数理計算上の差異と未認識過去勤務費用は加減しない。

理解度check㉖　解答はP.138

問　退職給付費用の構成金額を３つ挙げなさい。

理解度check㉕解答　2計算書方式

27 企業会計基準第27号 法人税，住民税及び事業税等に関する会計基準

設定主体　企業会計基準委員会

設定時期　平成29年３月

適用時期　平成29年３月

損益計算書		
：		
税引前当期純利益	×××	表示面ばかりではなく，具体的な会計処理を規定
法人税，住民税及び事業税	×××	
法人税等追徴税額（または還付税額）	×××	
法人税等調整額	×××	
当期純利益	×××	

1　概　要

企業会計原則など従来の規定では，法人税，住民税及び事業税についての表示に関する取扱いは，「法人税，住民税及び事業税として損益計算書の税引前当期純利益金額又は税引前当期純損失金額の次に記載する。」と記載されていたが，**会計処理**に関する取扱いは記載されていなかった。そのため，この会計基準は，当事業年度の所得等に対する法人税，住民税及び事業税等についての会計処理に関する取扱いとして，法令に従い算定した額を損益に計上することを明示したものである。

2　意　義

企業会計原則の損益計算書原則八の規定

「当期純利益は，税引前当期純利益から当期の負担に属する法人税額，

住民税額等を控除して表示する。」

企業会計原則注解【注13】の規定

「法人税等の更正決定等による追徴税額及び還付税額は，税引前当期純利益に加減して表示する。この場合，当期の負担に属する法人税額等とは区別することを原則とするが，重要性の乏しい場合には，当期の負担に属するものに含めて表示することができる。」

企業会計原則は，上記のとおり表示面のみ規定をしていたが，**この会計基準では，更正等による追徴および還付ならびに受取利息および受取配当金等に課される源泉所得税などの会計処理を規定した。**

3　会計処理（法人税，住民税及び事業税の勘定科目は**法人税等**とする）

受取利息および受取配当金等に課される源泉所得税の会計処理

×1年6月に所有する上場企業の配当金1,200（源泉徴収所得税額240を含む）を受け取った仕訳

（借）	現金預金	960	（貸）	受取配当金	1,200
	仮払法人税等	240			

現金預金　1,200－240＝960

受取配当金・受取利息に課税された税額は，二重課税の防止のため法人税等に含めて処理する。当該税額に重要性があるときは営業外費用に計上する。

×1年11月に法人税等10,000を中間納付した仕訳

（借）	仮払法人税等	10,000	（貸）	現金預金	10,000

×2年3月に普通預金口座に利息80（源泉徴収所得税額20控除後）が振り込まれた仕訳

（借）	現金預金	80	（貸）	受取利息	100
	仮払法人税等	20			

受取利息　20÷20％＝100

×1年度決算における確定申告による法人税等の年税額20,000が計算された仕訳

（借）	法人税等	20,000	（貸）	仮払法人税等	10,260
				未払法人税等	9,740

仮払法人税等　240＋10,000＋20＝10,260

理解度check㉗

解答はP.140

問　受取利息ならびに受取配当金の源泉徴収税額の会計処理上の科目名を答えなさい。

28 企業会計基準第28号「税効果会計に係る会計基準」の一部改正

- 設定主体　企業会計基準委員会
- 設定時期　平成30年２月
- 適用時期　平成30年４月１日以後開始する連結会計年度および事業年度の期首

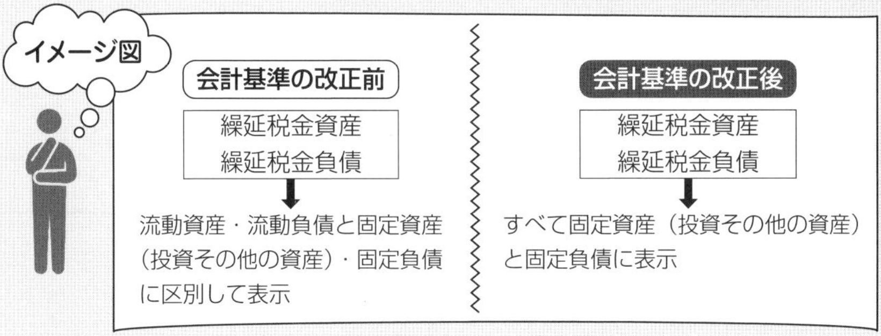

1　概　要

この会計基準の改正点は，「法人税，住民税及び事業税等に関する会計基準」において反映させて説明してある。しかしながら，「税効果会計に係る会計基準」（以下「税効果会計基準」という）の一部改正のポイントを整理しておこう。

「税効果会計に係る会計基準」の一部改正の引用

税効果会計基準の「第三 繰延税金資産及び繰延税金負債等の表示方法」１．及び２．の定めを次のとおり改正する。

１．繰延税金資産は投資その他の資産の区分に表示し，繰延税金負債は固定負債の区分に表示する。

２．同一納税主体の繰延税金資産と繰延税金負債は，双方を相殺して表示する。

異なる納税主体（連結上）の繰延税金資産と繰延税金負債は，双方を相殺せずに表示する。

2 意 義

繰延税金資産または繰延税金負債の表示については国際的な会計基準に整合させ，すべてを非流動区分（投資その他の資産または固定負債）に表示することとした。

理由1 財務諸表作成者の負担は比較的軽減される。

理由2 国際的な会計基準に整合させることは，一般的に，財務諸表の比較可能性が向上することが期待される。

理由3 企業を対象にデータ分析を行った範囲では，変更による流動比率に対する影響は限定的であり，財務分析に影響が生じる企業は多くないと考えられる。

理解度check㉘ 解答はP.147

問 ①と②に入る適当な表示区分名を答えなさい。

繰延税金資産と繰延税金負債は，相殺して［　①　］または［　②　］に記載される。

---

29 企業会計基準第29号 収益認識に関する会計基準

設定主体　企業会計基準委員会

設定時期　平成30年３月

適用時期　2021年４月１日以後開始する連結会計年度および事業年度の期首

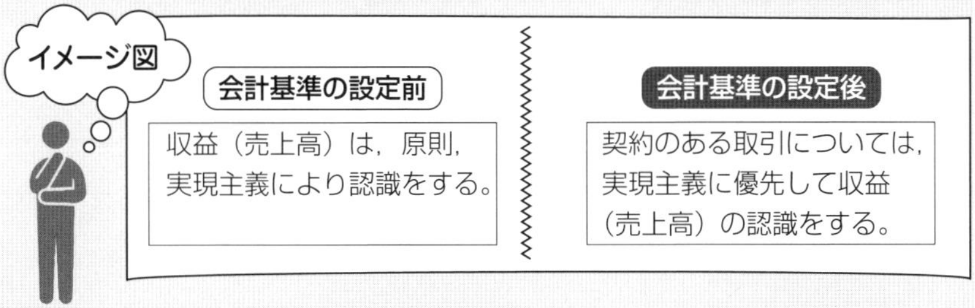

イメージ図
会計基準の設定前
収益（売上高）は，原則，実現主義により認識をする。
会計基準の設定後
契約のある取引については，実現主義に優先して収益（売上高）の認識をする。

1　概　要

収益認識は，国際会計基準審議会（IASB）と米国財務会計基準審議会（FASB）が共同開発した会計基準で，世界の主要国で会計処理が統一されようとしている。

我が国の収益認識会計基準は，国際財務報告基準（IFRS）の規定を翻訳したものであるが，パブリックコメントにより，国際的な比較可能性を損なわない範囲で，国際基準とは異なる代替的な会計処理（従来の実現主義による収益認識）を追加的に認めると規定された。

2　意　義

収益認識会計基準第１項には，「本会計基準は，本会計基準の範囲（第３項及び第４項参照）に定める収益に関する会計処理及び開示について定めることを目的とする。なお，この会計基準の範囲に定める収益に関する会計処理については，企業会計原則に定めがあるが，本会計基準が優先して適用される。」と規定されている。すなわち，収益認識会計基準は，企業会計原則で規定する実現主義に優先して適用される。

また，収益認識会計基準は，「顧客との**契約**から生じる収益」に適用される。すなわち，通常の営業取引による収益が適用範囲となる。

したがって，以下の取引は適用範囲（第３項の一部）から除外される。

・金融商品に関する会計基準の範囲に含まれる金融商品に係る取引
・リース取引に関する会計基準の範囲に含まれるリース取引
・その他，固定資産の売却取引

収益認識会計基準の適用範囲

収益認識会計基準は，主たる収益，すなわち売上高の認識と測定に関するものであるから，営業外収益や特別利益に属する損益に影響はない。 また，リース取引会計基準の範囲に含まれるリース取引はリース契約があるが，貸手の収益計上は従来どおりと解釈してよいであろう。

3　会計処理

この会計基準における収益は，５つのステップにより認識・測定される。

ステップ１　契約の識別

契約があることが必要である。この契約とは，①取引商品が決定していること，②支払条件が決定していること，③対価の回収可能性が高いこと，である。

ステップ２　履行義務の識別

１つの契約により取引される商品は，１商品のことも２商品以上のこともある。具体的には，商品をカード売り上げした場合，1,000円につき10ポイントを付す契約があると，売上時の売上高は990円であり，10ポイントは履行義務（商品～将来の売上）となる。

ステップ３　取引価格の算定

取引価格の算定は，取引により企業が純粋に回収できる価格の算定である。したがって，消費税の税込処理のように国・地方に納付する消費税分を含む税込処理による売上高の算定はできなくなる。

ステップ４　取引価格の配分

取引価格の配分とは，たとえばＸ商品を600円，Ｙ商品を400円とする（これを１商品当たりの「独立販売価格」という）。「Ｘ商品とＹ商品を同時に購入すれば900円という契約」で販売する場合，Ｘ商品は540円（900円×60％），Ｙ商品は360円（900円×40％）と算定される。

ステップ５　収益の認識

ステップ３の履行義務の充足期間で売上高を認識する。工事進行基準の履行義務は，工事開始から完成・引渡しまでの期間にわたる。したがって，基本的には従来と変わらない会計処理が行われる。よって，「工事契約に関する会計基準」は必然の適用になるため廃止される。

計算例１　履行義務の識別に関する取引〜ポイント

ポイント引当金の会計処理（金額単位は省略）

当期の売上高は5,000,000，当期末までに付与したポイントは500,000であるが，翌期以降に利用される見込みのポイントは，400,000と見積もられた。当該商品の独立販売価格は5,000,000，ポイントの独立販売価格は400,000とする。

なお，当社は，顧客に対して売上10に対して１ポイントを付与し，次の買い物から１ポイント１円で利用できる制度を導入している。

当期販売時の仕訳（決算仕訳を含む）

（借）	現　金　預　金	5,000,000	（貸）	売　　　　上	5,000,000
	ポイント引当金繰入	400,000		ポイント引当金	400,000

収益認識会計基準の会計処理（金額単位は省略）

当期の売上高は5,000,000，当期末までに付与したポイントは500,000である。なお，売上高は，端数が生ずる場合は四捨五入により計上する。

当期販売時の仕訳（決算仕訳を含む）

（借）	現　金　預　金	5,000,000	（貸）	売　　　　上	4,545,455
				契　約　負　債	454,545

受け取った5,000,000を①主契約の商品の販売と②ポイントに係る履行義務に，独立販売価格で配分する。

売　　上　$5{,}000{,}000 \times \frac{5{,}000{,}000}{5{,}000{,}000 + 500{,}000} = 4{,}545{,}455$（四捨五入）

契約負債　$5{,}000{,}000 \times \frac{500{,}000}{5{,}000{,}000 + 500{,}000} = 454{,}545$（四捨五入）

契約負債は，繰延収益または前受金の性格をもち，翌期にポイントが使用されたら売上高を計上し，消滅したら雑収入（雑益）を計上する。

計算例２　取引価格の算定に関する取引～返品権付販売

返品調整引当金の会計処理（金額単位は省略）

商品（仕入原価40,000）を60,000で掛販売した。従来，得意先から無条件に返品を受け入れる取引契約であり，過去の実績等から来期以降に既販売分の５％の返品が見積もられた。翌期に２％分が返品期限内に返品された。

販売時の仕訳

（借）	売　掛　金	60,000	（貸）	売　　　　上	60,000

決算時の仕訳

（借）	返品調整引当金繰入	1,000	（貸）	返品調整引当金	1,000

60,000×20,000／60,000×５％＝1,000

翌期の返品時の仕訳

（借）	返品調整引当金	400	（貸）	売　掛　金	1,200
	仕　　入	800			

返品調整引当金　1,000×２％／５％＝400

仕　　　入　40,000×２％＝800

売　掛　金　60,000×２％＝1,200

収益認識会計基準の会計処理（金額単位は省略）

当社は，商品（仕入原価40,000）を60,000で現金販売した。従来，得意先が未使用の商品を30日以内に返品した場合，全額の返金を認める取引契約であり，過去の実績等から来期以降に既販売分の５％が返金負債として，対応する原価2,000が返品資産として見積もられた。なお，この契約では顧客が商品を返品することを認めているため，当社が顧客から受け取る対価は変動対価である。当社が権利を得る変動対価を見積もるために，当社は，当該対価の額をより適切に予測できる方法として期待値による方法の使用を決定し，上記商品５％（2,000）が返品されると見積もっている。また，当社は，商品の回収コストには重要性がないと見積もり，返品された商品は利益が生じるように原価以上の販売価格で再販売できると予想した。返品期限30日以内に４％の返品があった。

販売時

収益の計上仕訳

（借）	現　金　預　金	60,000	（貸）	売　　　上	57,000
				返　金　負　債	3,000

返品されると見込む商品60,000×５％＝3,000については収益を認識せず，57,000の収益を認識する。返品されると見込む商品については3,000の返金負債を認識する。

原価の計上仕訳

（借）	売上原価	38,000	（貸）	商品	40,000
	返品資産	2,000			

売上原価　40,000×95％＝38,000

返品資産　40,000×５％＝2,000

返品資産は，返金負債の決済時に顧客から商品を回収する権利である。

決算時の仕訳

仕訳なし

決算時は，返品負債と返金負債の見積りが適正であるか見直す必要があるが，本問は適正であったとし「仕訳なし」とした。

返品期限以内に返品がなかった仕訳

返品分４％の仕訳

（借）	返金負債	2,400	（貸）	現金預金	2,400
	商品	1,600		返品資産	1,600

返金負債と現金預金　3,000×４％／５％＝2,400

商品と返品資産　2,000×４％／５％＝1,600

返品のなかった１％分の仕訳

（借）	返金負債	600	（貸）	売上	600
	売上原価	400		返品資産	400

返金負債と売上　3,000×１％／５％＝600

売上原価と返品資産　2,000×１％／５％＝400

返品資産と返金負債

返品資産は将来，返品が行われた際に財を引き取ることができる権利を表しているため，その金額は返品される資産を引き取ったときの価値で測定する。

一方で，返金負債は返品が行われた際に支払わなければならない金額となるため，支払見込額で測定される。

理解度check㉙　解答はP.149

問　収益認識会計基準適用後に廃止される引当金を挙げなさい。

---

30 企業会計基準第30号
時価の算定に関する会計基準

設定主体　企業会計基準委員会
設定時期　2019年7月
適用時期　2021年4月1日以後開始する連結会計年度および事業年度の期首

会計基準の設定前

時価の定義は定められていたが，その算定方法についての説明が求められていなかった。

会計基準の設定後

時価の算定方法を注記（等）により，公開することを求めた。

1　概　要

我が国では，金融商品会計基準などにおいて時価（公正な評価額）の定義が求められているものの，算定に関する詳細な規定がなかった。国際会計基準審議会および米国財務会計基準審議会は，公正価値測定についてほぼ同じ内容の詳細なガイダンスを定めている。この会計基準は，日本基準を国際的に整合性のあるものとするための取組みに関する検討課題の１つとして時価に関するガイダンスおよび開示を取り上げていたため，これらの状況を踏まえ，企業会計基準委員会が，主に金融商品の時価に関するガイダンスおよび開示に関して，国際的な会計基準との整合性を図る取組みに着手し，検討を重ねて，公表したものである。

2　意　義

企業会計基準委員会では，時価算定会計基準の開発にあたっての基本的な方針として，統一的な算定方法を用いることによって国内外の企業間における**財務諸表の比較可能性**を向上させる観点から，国際財務報告基準（IFRS）の定めをすべて取り入れている。ただし，これまで我が国で行われてきた実務等に配慮し，財務諸表間の比較可能性を大きく損なわせない範囲で，個別項目に対するその他の取扱いを定めることとされている。

補足 時価算定会計基準の基本的な適用範囲

「金融商品会計基準における金融商品」
「棚卸資産会計基準におけるトレーディング目的で保有する棚卸資産」

理解度check㉚ 解答はP.150

問 金融商品会計基準・棚卸資産会計基準に共通する時価の定義を6文字で答えなさい。

31 企業会計基準第31号 会計上の見積りの開示に関する会計基準

設定主体　企業会計基準委員会
設定時期　2020年３月
適用時期　2021年３月31日以後終了する連結会計年度および事業年度の期首

1　概　要

会計上の見積りは，財務諸表作成時に入手可能な情報に基づいて合理的な金額を算出するものであるが，財務諸表に計上する金額に係る見積りの方法や，見積りの基礎となる情報が財務諸表作成時にどの程度入手可能であるかはさまざまである。

見積りの基礎となる情報とは，将来キャッシュ・フロー，回収可能額（回収不能見積額），割引率，耐用年数などをいう。

この会計基準は，個々の会計基準を改正するのではなく，会計上の見積りについて包括的に定めた会計基準において原則（開示目的）を示し，開示する具体的な項目およびその記載内容については当該原則（開示目的）に照らして判断することを企業に求めることを目的に設定されたものである。

2　意　義

当年度の財務諸表に計上した金額の，会計上の見積りによるもののうち，翌年度の財務諸表に重要な影響を及ぼす可能性が高い項目における会計上の見積りの内容について，財務諸表利用者の理解に資する情報を開示することを目的とする。すなわち，より有用性の高い情報を財務諸表利用者に提供することにその意義を見出すことができる。

理解度check㉚解答　公正な評価額

エピローグ

受験生へのアドバイス

1　試験で出題される理論の範囲

試験で出題される理論の範囲は，過去問をまとめれば一目瞭然である。出題内容は，**その時代を反映していることがわかる**ので，次ページの表にできるだけ多くあげてみた。これから理論学習をするのであるから内容に関してわかりにくいと思うが，**同じ論点が繰り返し出題されている**ことは読めると思う。

現時点において１つだけ過去問から得られる重要な情報を説明しよう。**平成11年度から「会計基準」が出題されるようになった**ことである。

2　試験で出題される理論のポイント

(1)　企業会計原則（設定昭和24年７月・最終改正昭和57年４月）

試験の中心となる会計の原則である。この規定の理解を問う問題が大変多く出題されている。『会計法規集』を準備し，10回（何となく）くらい読もう。

(2)　会社法会計

税理士試験の計算問題は，会社法に準拠した計算書類（会社法では，貸借対照表，損益計算書などを財務諸表といわず，計算書類という）の作成が問われる。会社法に準拠した計算書類とは，株主総会に提出するための貸借対照表，損益計算書などをいう。

(3)　金融商品取引法会計

上場企業は，金融商品取引法に準拠した貸借対照表，損益計算書などの財務諸表をこの法律により内閣総理大臣に提出しなければならないと規定している。提出された財務諸表は独立行政法人国立印刷局（従来の財務省印刷局）で編集され，政府刊行物販売所で販売されている。この財務諸表を参考に，投資者は企業に投資（株を購入）する意思決定をする。

■税理士試験　財務諸表論　第一問・第二問（平成10年～令和元年）■

出題年度	第一問	第二問
平10	収益の認識について	引当金
平11	有価証券全般	会計公準と会計主体，連結会計
平12	ディスクロージャー制度	費用及び収益の認識基準
平13	負債会計中心，引当金	棚卸資産の評価
平14	発生主義会計	研究開発費等に係る会計基準
平15	外貨換算会計	資本の部の表示，自己株式
平16	減価償却を中心とする出題	有価証券の評価
平17	退職給付，発生主義，費用認識	貸倒懸念債権の評価法等
平18	収益の認識	固定資産の減損，棚卸資産の評価
平19	純資産の部に関する会計基準	研究開発費等に係る会計基準
平20	企業結合会計	ストック・オプション会計
平21	キャッシュ・フロー会計	棚卸資産会計
平22	資産評価～割引現在価値	引当金会計
平23	会計上の変更及び誤謬の訂正	費用配分の原則
平24	棚卸資産の評価	資産評価の一般的考え方
		固定資産の減損に係る会計基準
平25	個別注記表	純資産会計
平26	①　繰延資産　②　研究開発費 ③　のれん	①　一般原則　②　金融商品会計 ③　ストック・オプション
平27	①　引当金 ②　資産除去債務	①　固定資産の減損会計 ②　賃貸等不動産
平28	包括利益会計基準	①　外貨建処理基準　②　ヘッジ会計
平29	キャッシュ・フローと利益の関係	①　資産除去債務　②　会計上の変更等
平30	①　純資産会計 ②　個別・連結財務諸表	資産・負債の評価 （企業会計基準全般から）
令元	資産・負債の評価 （概念フレームワークから）	①　企業会計原則の認識・測定 ②　リース取引

(4)　企業会計基準

国際的な会計処理を共通化（コンバージェンス）するために設定されたものである。現在，企業会計基準として第31号まで設定されている。財務諸表の理論の中心となるものである。

(5)　企業会計原則と関係書法令との調整に関する連続意見書

（略して連続意見書という一昭和35年～37年）

当時，企業会計原則，商法，証券取引法，税法など会計上の計算方法が不統一であった。これを統一（調整）するための意見書として公表された。

連続意見書は第一から第五まであるが，前述のとおり，試験では第三「有形固定資産の減価償却について」が重要であり，公表からおよそ50年経過した今でも生き残っている。現在では，会計基準によって国際的に調整，つまり共通化（コンバージェンス）を目指している。

(6) その他の会計理論

その他の会計理論とは，『会計法規集』のどこにも規定のない会計上の考え方や，会計が存在するための前提（会計公準という）などである。規定のない会計理論に関しては，多くの会計書籍で多様な説明がある。これこそ，これから学習する会計理論の特徴を示している。つまり，「表現方法が相違しても，同じことを説明している」のである。

試験でいえば，規定のあるものは「完全な解答」が存在するが，規定のない会計理論は「解答例」はあるが「完全な解答」は存在しないのである。

3　計算と理論，どちらが先？

「ニワトリが先か，タマゴが先か」…。

受験勉強では，「計算が先か，理論が先か」…。個人的には，「計算が先」だと確信している。普段から，たとえば有価証券の計算（仕訳・表示）を学習後，すぐに有価証券の理論を学習すると効果的である。

4　最後のアドバイス

本書も残すところ確認問題である最終チェックのみとなった。ここまで読み進めてきた人は「会計基準の初級者」といえる実力の持ち主であろう。本書をここで書棚に隔離してしまうと，中級者，上級者への道のりが閉ざされてしまう。

財務諸表は，会計基準に準拠して計算された数値で全体が構成されている。試験対策としての会計基準の学習は，財務諸表の作成という視点から見直すと効果的な成果が得られるものである。すなわち，資産，負債を評価すると収益，費用が発生する。貸借対照表と損益計算書の数値が各会計基準と因果関係を持っているのである。

話が変わるが，世界遺産なる建造物にたとえて会計基準を説明しよう。世界遺産なる建造物は，ひと目見て「これが世界遺産なんだ！」と感激する。そして，当然のごとく建造物の中へと侵入する。そこで世界遺産たる理由を目のあたりにするわけである。しかし，肝心の世界遺産たる建造物そのものを見失っている。帰り道，再度，建造物を見て感動をする。

会計基準は，世界遺産にたとえると建造物の中であり，建造物そのものは財務諸表である。真実の会計基準の本質を知るためには，財務諸表と関連付けをして学習しなければならない。

財務諸表全体を見ながら本書を２回転したとき，本来の会計基準の「本当の姿」が見えてくるはずである。そして，２回転目は，『会計法規集』の本文（原文）に挑戦してみよう。会計基準の学習の着地点は，会計基準の本文を丸暗記することではなく，「**本文に記載されている文言がわかること**」である。実務と試験は，それで十分に対応できるはずである。

全体確認問題

解答はP.158

1　企業会計原則は，４構成で規定されている。列挙しなさい。

2　国際的な会計ルールの統一化つまり共通化のことを何というか。

3　外貨会計基準における３つの内容（目次）を列挙しなさい。

4　研究開発費等に係る会計基準の「等」とは何を規定したものか。

5　法人税，住民税及び事業税の３つの税率を考慮した税率の名称を何というか。

6　減損会計基準の回収可能価額を説明しなさい。

7　自己株式等会計基準で規定される自己株式処分差益または自己株式処分差損はどのような科目で表示されるか。

8　１株当たり情報を２つ列挙しなさい。

9　役員賞与は，かつて何の減少とされていたか。

10　純資産会計基準における３区分を示しなさい。

11　貸借対照表の純資産の部の１会計期間における変動事由を示す財務諸表名を何というか。

12　事業分離等会計基準における事業を移転する側の企業を何というか。

13　ストック・オプション会計基準におけるストックとは何か。

14　棚卸資産会計基準における正味売却価額を説明しなさい。

15　金融商品会計基準における有価証券の保有目的区分を列挙しなさい。

16　企業の関連当事者の範囲を規定している会計基準名を何というか。

17　四半期財務諸表会計基準で作成する財務諸表名は何というか。

18　ファイナンス・リース取引以外のリース取引を答えなさい。

19　工事契約会計基準における収益の認識方法を２つ列挙しなさい。

20　関連会社株式の評価を規定している会計基準名を何というか。

21　財務情報を事業の種類別，親会社および子会社の所在地別に区分した情報名を何というか。

22　資産除去債務会計基準で規定する会計処理の名称を何というか。

23　賃貸等不動産の時価等の開示を規定している会計基準名を何というか。

24　企業結合の組織再編の形態を３つ列挙しなさい。

25　連結財務諸表会計基準における連結財務諸表の２つの考え方を答えなさい。

26　会計上の変更の例を３つ挙げなさい。

27　包括利益＝期末純資産合計－期首純資産合計が成立する関係を示す用語を何というか。

28　年金資産の期待運用収益と実際の運用成果との差異を何というか。

29　繰延税金資産の表示区分（小区分）を答えなさい。

30　収益認識会計基準の適用で廃止される会計基準を答えなさい。

31　時価算定会計基準で影響を受けた会計基準を２つ挙げなさい。

全体確認問題解答

1　一般原則　損益計算書原則　貸借対照表原則　企業会計原則注解

2　コンバージェンス

3　外貨建取引　在外支店の換算　在外子会社等の換算

4　ソフトウェア（の会計処理）　5　法定実効税率

6　回収可能価額は，使用価値と正味売却価額のいずれか高い方の金額をいう。

7　その他資本剰余金

8　1株当たり当期純利益又は当期純損失　1株当たり純資産額

9　未処分利益（現在の繰越利益剰余金）

10　株主資本　評価・換算差額等　新株予約権

11　株主資本等変動計算書　12　分離元企業（相手は分離先企業）　13　株式

14　商品→売却市場の時価である売価－見積販売直接経費
製品→売却市場の時価である売価－見積追加製造原価および見積販売直接経費

15　売買目的有価証券　満期保有目的の債券　子会社株式・関連会社株式
その他有価証券

16　関連当事者の開示に関する会計基準

17　四半期（連結）貸借対照表，四半期（連結）損益および包括利益計算書（四半期（連結）損益計算書），四半期（連結）キャッシュ・フロー計算書

18　オペレーティング・リース取引　19　工事進行基準　工事完成基準

20　持分法に関する会計基準　21　セグメント情報

22　資産負債の両建処理

23　賃貸等不動産の時価等の開示に関する会計基準

24　合併，株式交換，株式移転，会社分割，のうち3つ

25　親会社説　経済的単一体説

26　会計方針の変更　表示方法の変更　会計上の見積りの変更

27　クリーン・サープラス関係

28　数理計算上の差異

29　投資その他の資産

30　工事契約に関する会計基準

31　金融商品に関する会計基準　棚卸資産の評価に関する会計基準

《著者紹介》

並木　秀明（なみき　ひであき）

中央大学商学部会計学科卒業。千葉経済大学短期大学部教授。東京リーガルマインド講師。東京経営短期大学，千葉経済大学で非常勤講師を務めるほか，企業等研修講師（〔株〕伊勢丹・〔株〕古河電工・〔株〕JTB・経済産業省など）として幅広く活躍する。青山学院大学専門職大学院会計プロフェッション研究科元助手。

簿記検定・税理士・会計士などの試験対策における人気ベテラン講師。長年にわたり多くの合格者を輩出している。一方，実務にも精通し，さまざまな業界からセミナーの依頼が殺到。楽しく明快な講義内容とその人柄に多くの受講生が信頼を寄せる。

主な著書に『世界一わかりやすい財務諸表の授業』（サンマーク出版），『簿記論・財務諸表論の同時合格テキスト』，『実戦テキスト簿記論〈第３版〉』（共著），『実戦テキスト財務諸表論〈第３版〉』（共著），『管理会計論演習セレクト50題』，『簿記論の集中講義30』，『財務諸表論の集中講義30』，『日商簿記３級をゆっくりていねいに学ぶ本』（以上，中央経済社）など多数。受験雑誌『会計人コース』での連載やコラムなども執筆。

税理士・会計士・簿記検定

はじめての会計基準（第２版）

2015年12月25日　第１版第１刷発行
2017年３月30日　第１版第４刷発行
2020年７月15日　第２版第１刷発行
2024年11月25日　第２版第６刷発行

著者　並木秀明
発行者　山本継
発行所　㈱中央経済社
発売元　㈱中央経済グループパブリッシング

〒101-0051　東京都千代田区神田神保町1-35
電話　03（3293）3371（編集代表）
03（3293）3381（営業代表）
https://www.chuokeizai.co.jp
印刷／東光整版印刷㈱
製本／㈲井上製本所

ISBN978-4-502-35021-4　C2034